LA PUISSANCE ET LA FAIBLESSE

suivi de

LE REVERS DE LA PUISSANCE

ROBERT KAGAN

LA PUISSANCE ET LA FAIBLESSE

Les États-Unis et l'Europe dans le nouvel ordre mondial

suivi de

LE REVERS DE LA PUISSANCE

Les États-Unis en quête de légitimité

Traduit de l'anglais (États-Unis)
par Fortunato Israël

PLON

Collection fondée par Georges Liébert
et dirigée par Joël Roman

Pour La puissance et la faiblesse :
Titre original : *Of Paradise and Power*
American and Europe in the New World Order
Alfred A. Knopf, New York

Pour Le revers de la puissance :
Titre original : *American Power and the Crisis of Legitimacy*

PARTIE
I

La puissance et la faiblesse

Pour Leni et David.

Introduction

Il est temps de cesser de faire comme si Européens et Américains partageaient la même vision du monde, ou même comme s'ils vivaient sur la même planète. En effet, sur la question primordiale de la puissance – est-elle efficace, légitime, souhaitable ? – les points de vue sont, d'un bord à l'autre de l'Atlantique, radicalement différents. L'Europe est en train de renoncer à la puissance ou, pour dire la chose autrement, elle s'en détourne au bénéfice d'un monde clos fait de lois et de règles, de négociation et de coopération transnationales. Elle pénètre dans un paradis posthistorique de paix et de relative prospérité, concrétisation de ce que Emmanuel Kant nomme la « paix éternelle ». De leur côté, les États-Unis restent prisonniers de l'Histoire, exerçant leur puissance dans le monde anarchique décrit par Hobbes, où lois et règles internationales sont peu fiables et où la vraie sécurité ainsi que la défense et la promotion d'un ordre libéral dépendent toujours de la détention et de l'usage de la force militaire. C'est pourquoi, sur les grands problèmes stratégiques et internationaux qui se posent aujourd'hui, les Américains sont des Martiens et les Européens des Vénusiens : rares sont les points sur lesquels ils s'entendent, et l'incompréhension entre eux ne fait que croître. Qui plus est, cet état de choses n'est pas transitoire : il ne résulte pas d'une élection américaine ou d'un cataclysme. Les raisons de ce clivage transatlantique sont profondes, anciennes et vont sans doute perdurer. Ainsi, lorsqu'il s'agit de fixer des priorités nationales, de cerner des menaces, de définir des enjeux ou de concevoir et d'appliquer une politique étrangère et de défense, les États-Unis et l'Europe ne font plus cause commune.

Cette opposition est plus flagrante pour un Américain qui vit en Europe. Quant aux Européens, ils sont plus conscients de l'élargissement du fossé, peut-être parce qu'ils le redoutent davantage. Leurs intellectuels sont presque tous convaincus de la disparition entre les deux blocs d'une « culture stratégique » commune. Aux yeux des Européens, l'Amérique est, sous sa forme la plus caricaturale, dominée par une « culture de la mort », son tempérament guerrier étant la conséquence logique d'une société de violence où chaque individu est armé et où sévit la peine capitale. Toutefois, même ceux qui ne se livrent pas à des amalgames aussi primaires reconnaissent que, de part et d'autre de l'Atlantique, la conduite de la politique étrangère diffère grandement.

Pour ces derniers, les États-Unis recourent plus vite à la force et, par comparaison avec l'Europe, s'accommodent moins bien de la diplomatie. En général, les Américains considèrent que le monde est partagé entre le bien et le mal, entre les amis et les ennemis, alors que, pour les Européens, le tableau est plus complexe. Face à des adversaires réels ou potentiels, les Américains sont plus favorables à la coercition qu'à la persuasion et préfèrent les sanctions punitives aux incitations à une meilleure conduite, le bâton à la carotte. Ce qui les intéresse dans les affaires internationales, c'est la finalité : ils veulent que les problèmes soient résolus, les menaces éliminées. De surcroît, bien sûr, ils penchent de plus en plus dans ce domaine vers l'unilatéralisme. Ils aiment de moins en moins agir par le truchement d'institutions internationales comme les Nations unies, de moins en moins coopérer avec d'autres pays pour la réalisation d'objectifs communs, ils croient de moins en moins au droit international et tendent de plus en plus à passer outre quand ils le jugent nécessaire ou même tout simplement utile[1].

---

1. Un observateur français en vue parle d'une « tournure d'esprit américaine » qui « tend à privilégier les solutions techniques et unilatérales pour les problèmes

Les Européens soulignent que leur façon d'aborder les problèmes est plus nuancée et plus complexe. Ils essaient d'influer sur l'autre par des voies subtiles et indirectes. Ils tolèrent plus volontiers l'échec et se montrent plus patients quand les solutions tardent à venir. Face à un problème, ils sont en général plus favorables à une réaction pacifique et préfèrent la négociation, la diplomatie et la persuasion à la coercition. Ils sont plus prompts à invoquer le droit international, les conventions internationales et l'opinion internationale pour le règlement d'un conflit. Ils tentent de recourir aux liens économiques et commerciaux pour souder les pays entre eux et accordent souvent plus d'importance au processus qu'au résultat, persuadés qu'à terme le processus lui-même portera ses fruits.

Ce portrait est, bien sûr, doublement caricatural en raison d'un certain nombre d'exagérations et de simplifications outrancières. En fait, il est difficile de généraliser sur les Européens : les Britanniques, par exemple, ont parfois une conception plus « américaine » de la puissance que beaucoup d'autres habitants du vieux conti-

---

internationaux, peut-être aux dépens des solutions politiques, fondées sur la coopération ». Voir Gilles Andréani, « The Disarray of U.S. Non-Proliferation Policy », *Survival*, 41, hiver 1999-2000, p. 42-61.

nent. Le souvenir de l'empire, une « relation privilégiée » avec les États-Unis forgée durant la Seconde Guerre mondiale et à l'aube de la guerre froide, ainsi que la distance observée au long de l'Histoire avec le reste de l'Europe, tout cela contribue à les distinguer du lot. Il n'est pas possible non plus de mettre dans le même sac Français et Allemands. Indépendants et fiers, les premiers manquent aussi curieusement de confiance. Quant aux seconds, ils mêlent, depuis la fin de la Seconde Guerre mondiale, l'assurance au doute. Les pays de l'Europe centrale et orientale ont, eux, un parcours tout à fait différent de celui de leurs voisins occidentaux. Hantés par une peur ancestrale de la puissance russe, ils ont une conception plus américaine des réalités hobbésiennes. En outre, de part et d'autre de l'Atlantique, il y a naturellement au sein de chaque pays des courants opposés. En France, les gaullistes ne se confondent pas avec les socialistes, et aux États-Unis, les démocrates semblent souvent plus « européens » que les républicains, ou bien le secrétaire d'État Colin Powell peut paraître plus « européen » que le secrétaire à la Défense Donald Rumsfeld. Beaucoup d'Américains, surtout au sein de l'élite intellectuelle, réprouvent autant que n'importe quel Européen la « dureté » de la politique étrangère de leur pays. De même, en Europe, certains sont partisans de la force au même titre que n'importe quel Américain.

Quoi qu'il en soit, ces caricatures expriment une vérité essentielle : aujourd'hui, les États-Unis et l'Europe sont radicalement différents. Powell a plus de points communs avec Rumsfeld qu'avec les ministres des Affaires étrangères français, allemand ou même britannique. Et quand il est question du recours à la force, la plupart des démocrates appartenant au courant dominant sont plus proches des républicains que de la majorité des Européens. Durant les années 1990, même les Américains de gauche, les « libéraux », étaient plus favorables à l'usage de la force et plus manichéens dans leur vision du monde que la majorité de leurs homologues européens. C'est pourquoi l'administration Clinton a bombardé l'Irak ainsi que l'Afghanistan et le Soudan. On peut affirmer sans risque de se tromper que la plupart des gouvernements européens n'auraient pas agi de la sorte et ont, de fait, été choqués par le militarisme américain. En 1999, auraient-ils même bombardé Belgrade si les États-Unis ne leur avaient forcé la main ? La question mérite d'être posée[1]. En octobre

1. Le cas de la Bosnie au début des années 1990 montre que certains Européens, notamment le Premier ministre Tony Blair, ont parfois préconisé une action militaire avec plus d'acharnement que l'administration Bush et celle de Clinton qui lui a succédé. (Blair fut également l'un des pre-

dernier, une majorité de sénateurs démocrates a soutenu la résolution autorisant le président Bush à faire la guerre à l'Irak, alors que leurs homologues politiques en France, en Allemagne, en Italie, en Belgique et même au Royaume-Uni contemplaient la scène stupéfaits et, dans une certaine mesure, horrifiés.

Quelle est l'origine de ces divergences en matière de conceptions stratégiques ? Au cours de ces dernières années, on s'est trop peu interrogé sur ce point. Des deux côtés de l'Atlantique, théoriciens et responsables de la politique étrangère ont nié l'existence de véritables oppositions ou cherché à minimiser les désaccords actuels, en soulignant que l'alliance transatlantique a connu dans le passé d'autres périodes de tension. Et quand, notamment en Europe, certains ont pris plus au sérieux la situation présente, ils se sont préoccupés d'attaquer les États-Unis plutôt que de comprendre leurs motivations – ou d'ailleurs celles de l'Europe. C'est pourquoi il est plus que temps de dépasser le stade de la dénégation et de l'insulte pour aborder de front ce problème.

miers à réclamer l'utilisation de la force aérienne et même de troupes au sol dans la crise du Kosovo.) En outre, les Européens ont été présents sur le terrain en Bosnie alors que les États-Unis ne l'étaient point, même s'il s'agissait d'assurer le maintien de la paix dans le cadre des Nations unies, mission qui se révéla vaine après sa remise en cause.

Quoi qu'en pensent beaucoup d'Européens et un petit nombre d'Américains, ces divergences en matière de culture stratégique ne procèdent pas naturellement du tempérament national des uns et des autres. De fait, cette culture stratégique plus éprise de paix dont se réclament aujourd'hui les Européens est, historiquement parlant, très nouvelle. Elle traduit la volonté de se démarquer de celle très différente qui prévalut sur le continent pendant des siècles, et au moins jusqu'à la fin de la Première Guerre mondiale. Les gouvernements européens et les peuples qui se lancèrent avec enthousiasme dans ce conflit généralisé croyaient à la *machtpolitik*. Tous étaient des nationalistes fervents qui voulaient promouvoir l'idéal national par la force des armes, comme l'avaient fait sous Bismarck les Prussiens, ou promouvoir par le glaive les principes d'*égalité*[1] et de *fraternité*[2], comme avait tenté de le faire en son temps Napoléon, ou bien encore répandre les bienfaits de la civilisation libérale au moyen du canon, comme l'avaient fait les Britanniques tout au long des XVIIe, XVIIIe et XIXe siècles. L'ordre européen qui vit le jour en 1871 avec l'unification de l'Allemagne fut, « comme tous ceux qui le précédèrent, établi par

1. En français dans le texte. (*N.d.T.*)
2. En français dans le texte. (*N.d.T.*)

la guerre[1] ». Si la conception européenne du monde que nous connaissons aujourd'hui et celle de l'Union européenne elle-même sont ancrées dans le siècle des Lumières, la politique de domination pratiquée sur le continent durant les trois cents dernières années n'a pas, elle, suivi les principes visionnaires des philosophes et des physiocrates.

S'agissant des États-Unis, on ne peut pas dire non plus que les tendances actuelles – recours à la force comme principal moyen d'action dans les relations internationales, penchant pour l'unilatéralisme et défiance à l'égard du droit international – aient toujours existé. Les Américains sont, eux aussi, enfants du siècle des Lumières et, durant les premières années de la république, furent de fidèles apôtres de son credo. À sa naissance, l'Amérique constitua le grand espoir des Européens éclairés qui désespéraient de leur propre continent et concevaient le nouveau monde comme le seul lieu « où la raison et l'humanité » pourraient « se développer plus rapidement qu'en aucun autre pays »[2]. Même si la pratique ne suivit pas toujours, la rhétorique de la politique étrangère américaine

1. Michael Howard, *The Invention of Peace*, New Haven, 2001, p. 47.

2. Robert R. Palmer, *The Age of The Democratic Revolution : A Political History of Europe and America, 1760-1800*, Princeton, 1959, tome I, p. 242.

baignait tout entière dans les principes des Lumières. À l'instar des dirigeants européens actuels, les hommes d'État américains de la fin du XVIIIe siècle célébraient les vertus du commerce, baume apaisant pour toutes les tensions internationales, et déclaraient que le droit international et l'opinion internationale devaient l'emporter sur la force brutale. La jeune république usa de la force contre des peuples plus faibles sur le continent nord-américain mais, face aux géants européens, elle proclamait son intention d'abjurer ce moyen et dénonçait l'atavisme de la politique du coup de force pratiquée par les empires européens des XVIIIe et XIXe siècles.

Certains historiens en ont conclu à tort que la génération des Pères fondateurs était constituée d'utopistes qui considéraient vraiment la politique du coup de force comme quelque chose « d'étranger et de repoussant » et ne pouvaient tout simplement pas « appréhender l'importance de la force dans les relations extérieures »[1]. Cependant, George Washington, Alexander Hamilton, John Adams et même Thomas Jefferson n'étaient pas des utopistes. Ils connaissaient bien les réalités de la politique internationale du coup de force. Quand les circonstances s'y prê-

1. Felix Gilbert, *To the Farewell Address : Ideas of Early American Foreign Policy*, Princeton, 1961, p. 17.

taient, ils savaient manier les règles du jeu européennes et auraient voulu bien souvent disposer des moyens nécessaires pour pratiquer plus efficacement cette politique. Mais ils furent assez lucides pour reconnaître leur faiblesse et, de manière à la fois délibérée et inconsciente, usèrent des stratégies du faible pour parvenir à leurs fins dans le monde. Ils dénoncèrent la politique du coup de force et proclamèrent leur aversion pour la guerre et la puissance militaire, autant de domaines où leur infériorité par rapport aux grands États européens était patente. Ils vantèrent les mérites du commerce et ses effets bénéfiques car leurs atouts à cet égard étaient plus nombreux. Ils déclarèrent que le droit international était le meilleur moyen de réguler la conduite des nations, sachant bien qu'ils n'avaient pas d'autre arme pour contraindre la Grande-Bretagne et la France. La lecture de Vattel leur avait appris qu'en droit international « la force ou la faiblesse... ne servent à rien. Le nain a les mêmes prérogatives qu'un géant. C'est ainsi qu'une petite république n'est pas moins souveraine que le plus puissant des royaumes [1] ». Une fois dotées d'une force et d'une influence bien supérieures sur la scène mondiale, les générations suivantes d'Américains n'ont pas tou-

1. Cité *in* Gerald Stourzh, *Alexander Hamilton and the Idea of Republican Government*, Stanford, 1970, p. 134.

jours manifesté le même attachement pour ce caractère contraignant, égalitaire, du droit international. Au XVIIIe siècle et au début du XIXe, ce sont les grandes puissances européennes qui ne voulaient pas toujours être contraintes.

Deux siècles plus tard, Américains et Européens ont échangé leurs statuts – et leurs points de vue. Cela tient en partie au fait que, dans l'intervalle et surtout au cours des dernières décennies, le rapport des forces s'est considérablement modifié. Quand les États-Unis étaient faibles, ils pratiquaient les stratégies de la voie détournée, les stratégies de la faiblesse. À présent qu'ils sont forts, ils adoptent le comportement des nations fortes. Quand les grands pays européens étaient puissants, ils croyaient au pouvoir et à la gloire martiale. Mais aujourd'hui, ils voient le monde par les yeux des nations faibles. Ces deux points de vue très différents ont naturellement donné lieu à des prises de position stratégiques opposées, à des évaluations contraires des menaces et des moyens appropriés pour y répondre, à des calculs d'intérêt différents et à des points de vue différents sur la valeur et la signification du droit international et des institutions internationales.

Toutefois, même la disparité des forces ne justifie qu'en partie l'existence d'un gouffre aussi profond entre les États-Unis et l'Europe. En effet, aux conséquences naturelles de cette disparité entre les deux bords de l'Atlantique est venu s'ajouter un large fossé idéologique. Grâce à son évolution historique sans précédent du siècle dernier qui a débouché sur la création de l'Union européenne (UE), l'Europe a élaboré tout un ensemble d'idéaux et de principes concernant l'utilité et la légitimité de la puissance qui diffèrent du modèle américain étranger à cette expérience. Si l'abîme stratégique entre les États-Unis et l'Europe est aujourd'hui plus profond que jamais et s'il se creuse encore à un rythme inquiétant, c'est parce que ces divergences matérielles et idéologiques se renforcent mutuellement. Et il n'est pas impossible que la division engendrée par leur conjonction devienne irréversible.

La disparité des forces

Certains diront qu'il n'y a rien de nouveau là-dedans. Il est vrai que le déclin de l'Europe en tant que puissance militaire mondiale ne date pas d'hier. Le coup le plus dommageable pour son pouvoir et sa confiance fut porté il y a près d'un siècle par la guerre mondiale qui éclata en 1914. Cet horrible conflit dévasta trois des cinq puissances européennes – Allemagne, Autriche-Hongrie et Russie – qui avaient constitué depuis 1871 les principaux piliers de l'équilibre des forces sur le continent. Les économies européennes devaient en souffrir et se retrouvèrent, pendant plusieurs décennies, sous la dépendance des banquiers américains. Mais le plus grave est que cette guerre détruisit le courage et la détermination de la Grande-Bretagne et de la France, au moins jusqu'au ralliement des Britanniques autour de Churchill en 1939, date à laquelle une autre guerre mondiale était inévitable. Durant les années 1920, l'Angleterre eut du mal à surmonter le choc du massacre « insensé » de toute une génération de jeunes gens à Passchendaele et sur d'autres champs de bataille meurtriers, et, dès la fin de la guerre, le gouvernement avait entamé la démobilisation rapide de son armée. Une France traumatisée avait, elle, lutté afin de conserver une force militaire suffisante pour empêcher le retour qu'elle jugeait inévitable de la puissance et du revanchisme allemands. Au début des années 1920, la France voulait à tout prix conclure une alliance avec la Grande-Bretagne, mais la garantie anglo-américaine d'assurer sa défense inscrite au traité de Versailles s'évanouit en fumée quand le Sénat des États-Unis refusa de le ratifier. Entre-temps, ébranlés et cherchant en quelque sorte à se convaincre contre toute logique que la France, et non l'Allemagne, constituait en Europe la plus grande menace pour la paix, les Britanniques se mirent à réclamer tardivement en 1934 une réduction de l'armement français au même niveau que celui de l'Allemagne. Seul Winston Churchill devait mettre en garde contre le « terrible danger » que constituait l'« exigence permanente faite aux Français de s'affaiblir » [1].

C'est dans l'entre-deux-guerres que l'Europe tenta, pour la première fois, d'abandonner la

1. Winston Churchill, *The Gathering Storm*, Boston, 1948, p. 94.

politique du coup de force, de changer en vertu sa faiblesse. Ainsi, au lieu de s'appuyer sur la force comme ils l'avaient fait dans le passé, les vainqueurs européens de la Première Guerre mondiale misèrent sur la « sécurité collective » et sur sa concrétisation institutionnelle, la Société des nations. « Notre objectif, déclara l'un des principaux dirigeants de la Société, était de rendre la guerre impossible, de la tuer, de l'anéantir. Pour y parvenir, il nous fallait créer un système[1]. » Mais le « système » ne fonctionna pas, en partie parce que ses principaux membres n'avaient ni le pouvoir ni la volonté de le faire marcher. Il est curieux de noter que le moteur intellectuel du projet visant à résoudre la crise sécuritaire européenne par la création d'une institution juridique supranationale fut un Américain, Woodrow Wilson. Ce dernier parla avec l'autorité que lui conférait un pays devenu, au cours des dernières décennies, l'un des plus riches et des plus puissants au monde, et dont l'entrée tardive dans la Première Guerre mondiale avait singulièrement contribué à la victoire alliée. Malheureusement, Wilson parla au nom de l'Amérique à une époque où elle aussi se détournait de la force et, comme le montra la suite des événements, ce n'est pas vraiment sa

1. Edvard Beneš cité *in* E. H. Carr, *The Twenty Years' Crisis, 1919-1939,* Londres, 1948, p. 30.

voix qu'il fit entendre. Le refus américain de participer à l'institution créée par Wilson sonna le glas des minces chances de réussite qu'elle pouvait avoir au départ. D'où, plus tard, le commentaire ironique de Churchill : « Nous qui avions été si déférents face aux opinions et aux souhaits [de Wilson] dans toutes ces tractations de paix, nous nous sommes entendu dire sans beaucoup de ménagements qu'il fallait nous renseigner sur la Constitution américaine[1]. » Les Européens furent ainsi livrés à eux-mêmes et, dans les années 1930, face à la puissance croissante d'une Allemagne révisionniste qui se réarmait, la « sécurité collective » s'évanouit au profit de la politique de conciliation.

Au fond, l'apaisement de l'Allemagne nazie était une stratégie reposant sur la faiblesse, une faiblesse qui résultait moins d'une réelle incapacité à contenir la puissance allemande que de la peur compréhensible d'une autre grande guerre européenne. Cependant, sur cette base reposait une structure complexe d'arguments sophistiqués sur la nature du danger présenté par l'Allemagne et sur les meilleurs moyens d'y faire face. Les responsables britanniques, notamment, s'appliquaient en permanence à minimiser le risque ou bien soulignaient qu'il n'était pas encore assez grave pour qu'on prît des mesures.

---

1. Winston Churchill, *op. cit.*, p. 12.

« Si l'on parvient à prouver que l'Allemagne se réarme », déclara en 1933 le chef des conservateurs Stanley Baldwin, alors l'Europe devra réagir. « Mais on n'en est pas encore là »[1]. Les partisans de la conciliation fournirent de nombreuses raisons pour lesquelles l'usage de la force était inutile ou malvenu. Certains prétendaient que l'Allemagne et son gouvernement nazi avaient des griefs légitimes qui devaient être pris en compte par les puissances occidentales. Comme l'expliqua John Maynard Keynes, le traité de Versailles avait été dur et contre-productif, de sorte que l'Angleterre et la France n'avaient à s'en prendre qu'à elles-mêmes si la politique allemande était devenue hostile et revancharde. Quand Hitler se plaignit du mauvais traitement infligé aux populations d'origine allemande en Tchécoslovaquie et ailleurs, les démocraties occidentales se montrèrent disposées à lui concéder le point. Les autres puissances européennes ne voulurent pas non plus admettre qu'un abîme idéologique rendait tout compromis avec Hitler et les nazis impossible. En 1936, le président du Conseil français Léon Blum déclara à un ministre allemand en visite : « Je suis marxiste et juif », mais « nous n'arriverons à rien en considérant que les barrières

1. Cité *in* A. J. P. Taylor, *The Origins of the Second World War*, New York, 1983, p. 73-74.

idéologiques sont insurmontables »[1]. Beaucoup se persuadèrent que si Hitler semblait mauvais, les alternatives pour l'Allemagne étaient sans doute pires. Responsables français et anglais œuvrèrent pour amener Hitler à signer des accords, convaincus qu'il était le seul à pouvoir maîtriser ce que l'on croyait être les forces extrémistes de la société allemande[2].

L'objectif de la conciliation était de gagner du temps en espérant qu'il serait possible de contenter Hitler, mais cette stratégie se révéla désastreuse pour l'Angleterre et pour la France. Chaque année qui passait permit à l'Allemagne de mettre à profit sa supériorité économique et industrielle latente et de réarmer, au point que les puissances démocratiques européennes se trouvèrent dans l'impossibilité de dissuader Hitler ou de le vaincre quand il décida finalement de frapper. En 1940, son ministre de la Propagande, Joseph Goebbels, évoqua avec un

1. Cité *in* Henry Kissinger, *Diplomacy,* New York, 1994, p. 307.

2. Comme le déclara un responsable français en poste à Berlin : « Si Hitler est sincère en proclamant son désir de paix, nous pourrons nous féliciter d'avoir conclu un accord. Mais s'il a d'autres desseins ou s'il doit céder un jour à quelque fanatique, nous serons au moins parvenus à repousser le déclenchement d'une guerre, et cela n'est pas rien. » Cité *in* Anthony Adamthwaite, *France and the Coming of the Second World War, 1936-1939*, Londres, 1977, p. 30 ; Kissinger, *op. cit.*, p. 294.

certain étonnement les deux décennies antérieures de diplomatie européenne :

> En 1933, un Premier ministre français aurait dû dire (et si j'avais été à sa place je l'aurais fait) : « Le nouveau Chancelier du Reich est l'homme qui a écrit *Mein Kampf* qui dit ça et ça. Nous ne pouvons tolérer cet individu dans notre voisinage. Ou bien il disparaît, ou bien nous attaquons ! » Mais ils ne l'ont pas fait. Ils nous ont laissés tranquilles et nous ont permis de traverser la zone à risque. Ainsi nous avons réussi à contourner tous les récifs dangereux. *Et quand nous avons fini, et que nous nous sommes retrouvés bien armés, mieux qu'eux, alors ils ont déclenché la guerre*[1] *!*

Certes, les arguments sophistiqués de la conciliation auraient été plus valables s'ils avaient concerné un autre type d'homme et de pays dans d'autres circonstances – par exemple, le dirigeant allemand des années 1920, Gustav Stresemann. Mais ils ne convenaient pas pour Hitler et l'Allemagne des années 1930. Dans ce cas, il est vrai, la stratégie de la conciliation fut le produit non pas de l'analyse mais de la faiblesse.

Si la Première Guerre mondiale rendit

1. Cité *in* Paul Johnson, *Modern Times : The World from the Twenties to the Eighties*, New York, 1983, p. 341.

l'Europe exsangue, la Seconde, résultat de l'échec de la diplomatie et de la stratégie européennes, mit un terme à la condition de puissance mondiale de tous les pays de la région. Incapables, au lendemain du conflit, de dépêcher des troupes suffisantes hors de leurs frontières pour assurer le maintien d'empires coloniaux en Asie, en Afrique et au Moyen-Orient, ces nations furent contraintes d'opérer un retrait massif après plus de quatre siècles de domination impériale, occasionnant ce qui fut peut-être la perte d'influence internationale la plus spectaculaire de l'histoire de l'humanité. Moins d'une décennie après l'amorce de la guerre froide, les Européens devaient céder leurs positions coloniales et leurs responsabilités stratégiques en Asie et au Moyen-Orient aux États-Unis, tantôt de leur plein gré et tantôt sous la pression de ces derniers, comme il advint dans la crise de Suez.

À la fin de la Seconde Guerre mondiale, de nombreux Américains influents avaient espéré que l'Europe pourrait redevenir une « troisième force » dans le monde, assez puissante pour tenir tête à l'Union soviétique et permettre aux États-Unis de se retirer du vieux continent. Franklin Roosevelt, Dean Acheson et d'autres observateurs américains pensaient que la Grande-Bretagne assumerait la charge de défendre une grande partie du monde contre l'Union soviétique. Peu après la guerre, le président Truman alla même jusqu'à imaginer un monde où Londres et Moscou rivaliseraient pour le pouvoir, les États-Unis se contentant de jouer les « arbitres impartiaux[1] ». Mais le gouvernement britannique fit alors comprendre qu'il n'était pas en mesure de continuer à fournir un soutien économique et militaire à la Grèce et à la Turquie, comme il l'avait fait depuis la fin de la guerre. En 1947, les Britanniques ont vu que les États-Unis allaient bientôt « ravir le flambeau du leadership mondial à nos mains glacées[2] ». Désormais, l'Europe dépendait des États-Unis pour sa propre sécurité et pour la sécurité du monde. La France et la Grande-Bretagne n'apprécièrent même pas l'idée d'un bloc européen indépendant, d'une « troisième force », car elles craignaient que l'Amérique n'en profite pour se retirer de l'Europe. Elles risquaient alors de se retrouver à nouveau seules face non seulement à l'Allemagne mais cette fois aussi à l'Union soviétique. Comme le déclara un responsable américain : « Le seul petit élément qui rassure [les Français] est de savoir que les troupes américaines, quels que soient leurs effectifs, sont interposées entre eux et l'Armée rouge[3]. »

1. John Lewis Gaddis, *The Long Peace*, New York, 1987, p. 55.
2. *Ibid.*
3. Cité *in* Gaddis, *op. cit.*, p. 65.

À compter de la fin de la Seconde Guerre mondiale et durant les cinquante années qui suivirent, l'Europe se trouva donc en état de dépendance stratégique par rapport aux États-Unis. Autrefois planétaire, l'influence des pays de la région ne dépassait plus ses frontières. Durant la guerre froide, sa seule mission stratégique, et d'ailleurs vitale, consista à tenir bon et à défendre son propre territoire contre toute offensive soviétique en attendant l'intervention américaine. Et même cela, les Européens eurent du mal à le faire. Leur réticence à investir dans leurs forces armées autant que le voulaient les administrations américaines fut une source constante de tension entre les deux bords de l'Atlantique, de la création de l'OTAN en passant par la période Kennedy et sa doctrine de la « réponse flexible » reposant sur un accroissement significatif des forces conventionnelles européennes, jusqu'aux années Reagan durant lesquelles les membres du Congrès exigèrent de l'Europe une plus grande implication dans « le partage du fardeau » de la défense commune.

Cependant, les conditions de la guerre froide créèrent une tension peut-être inévitable entre les intérêts des uns et des autres. En général, les Américains souhaitaient que l'Europe se dote d'un potentiel militaire – contrôlé par l'OTAN, bien sûr – pour arrêter les armées soviétiques sur son sol sans conflit nucléaire, les Européens et non les Américains supportant alors le gros des pertes en vies humaines. Naturellement, beaucoup sur le vieux continent avaient une autre conception de la meilleure forme de dissuasion. La protection fournie par le parapluie nucléaire américain leur suffisait car ils espéraient que la sécurité de l'Europe serait assurée par l'équilibre américano-soviétique de la terreur et par la doctrine d'une destruction réciproque assurée. Au cours des premières années de la guerre froide, les économies européennes étaient de toute manière trop faibles pour que le continent pût acquérir les moyens militaires indispensables à sa défense. Toutefois, même lorsqu'elles se rétablirent un peu plus avant dans le conflit, les Européens ne manifestèrent aucun désir de combler le fossé. La garantie nucléaire américaine leur ôta toute envie de dépenser les sommes qui auraient été requises pour qu'ils retrouvent leur statut de grande puissance militaire. Cette psychologie de la dépendance fut également l'un des facteurs incontournables de la guerre froide et de l'ère nucléaire. Une France gaulliste et fière tenta bien d'y échapper en se retirant de l'OTAN et en développant sa propre petite capacité nucléaire. Mais, tout juste symbolique, cette *force de frappe*[1] ne suffit pas à sous-

1. En français dans le texte. (*N.d.T.*)

traire le pays ni le continent à leur dépendance stratégique vis-à-vis des États-Unis.

Si la faiblesse relative de l'Europe n'eut pas tellement d'importance dans les relations transatlantiques au cours de la guerre froide, ce fut en partie à cause des circonstances géopolitiques très particulières de ce conflit. Bien qu'écrasée par les deux superpuissances qui l'encadraient, l'Europe affaiblie fut néanmoins le principal théâtre stratégique de la lutte qui opposait dans le monde entier communisme et capitalisme démocratique. C'est pour cette raison, et à cause de leur ancienne habitude de régner sur le monde, que les Européens continuèrent à jouir, au plan international, d'une influence et d'un respect que leur simple potentiel militaire n'aurait pu leur procurer. La stratégie de la guerre froide pratiquée par l'Amérique reposait sur l'alliance transatlantique. Le maintien de l'unité et de la cohésion de l'« Occident » était donc essentiel. Naturellement, l'importance de l'opinion européenne sur les questions internationales s'en trouva accrue, ce qui conduisit les deux parties à se faire une idée peut-être exagérée de la puissance du vieux continent.

Cette façon de voir devait se perpétuer jusque dans les années 1990. Au cours de cette décennie, les conflits des Balkans obligèrent les États-Unis à continuer de considérer l'Europe comme une priorité stratégique. À l'issue de la guerre froide, l'OTAN semblait s'être trouvé une nouvelle mission : ramener la paix sur cette partie du continent toujours en proie à de violents conflits ethniques qui, bien que d'échelle plus réduite, n'étaient pas sans rappeler les grands affrontements de la première moitié du siècle. L'élargissement de l'OTAN aux anciens membres du bloc soviétique, consécration de la victoire de la guerre froide et amorce d'une Europe « unique et libre », constitua un autre grand projet de l'Occident qui maintint l'Europe au premier plan de la réflexion stratégique et politique américaine.

Et puis il y eut l'ancienne promesse de la « nouvelle » Europe. En s'unissant pour former une seule entité économique et politique – prodige historique de Maastricht en 1992 –, beaucoup espéraient redonner à l'Europe sa grandeur passée mais avec un nouvel habillage politique. L'« Europe » devait devenir la prochaine superpuissance, du point de vue non seulement économique et politique mais aussi militaire. Elle devait régler les crises sur le vieux continent, comme les conflits ethniques dans les Balkans, et redevenir un acteur mondial de premier plan. Durant les années 1990, les Européens purent encore affirmer avec certitude que la puissance d'une Europe unifiée allait enfin rétablir la « multipolarité » du monde anéantie par la guerre froide et par ses suites. De leur côté, la plupart des Américains s'accordèrent à reconnaître, avec des sentiments partagés, qu'une superpuissance européenne était la solution de l'avenir. Samuel P. Huntington, de l'université de Harvard, alla même jusqu'à prédire que la fusion des membres de l'Union européenne serait l'« élément capital » de la réaction mondiale contre l'hégémonie américaine et qu'elle donnerait naissance à un XXIe siècle « véritablement multipolaire » [1].

Si, au cours des années 1990, l'Europe avait tenu ses promesses, le monde serait sans doute aujourd'hui bien différent. Les États-Unis et le vieux continent négocieraient à présent les nouveaux termes d'une relation fondée sur des puissances à peu près égales au lieu de se trouver aux prises avec un profond décalage. Il est probable que cet ajustement réciproque aurait bénéficié aux deux parties, l'Europe assumant une part des charges de la sécurité mondiale et les États-Unis tenant davantage compte de ses intérêts et de ses aspirations dans l'élaboration de leur propre politique étrangère.

Mais la « nouvelle » Europe n'a pas tenu ses promesses. Aux plans économique et politique, elle a certes accompli des miracles. Malgré les espoirs et les craintes des sceptiques de part et d'autre de l'Atlantique, elle est allée, en matière

1. Samuel P. Huntington, « The Lonely Superpower », *Foreign Affairs*, 78, mars-avril 1999, p. 35-49.

d'unité, jusqu'au bout de sa démarche. De surcroît, l'Europe unie est devenue une puissance économique de premier plan, capable de rivaliser avec les États-Unis et les pays asiatiques, capable aussi de négocier à armes égales dans les domaines de la finance et du commerce international. Si la fin de la guerre froide avait donné lieu à l'avènement d'une ère où le pouvoir économique compte plus que le pouvoir militaire, comme beaucoup le pensaient en Europe et en Amérique, alors l'UE aurait été véritablement en mesure de façonner l'ordre mondial avec autant de poids que les États-Unis. Malheureusement, la fin de cette guerre n'a pas diminué l'importance de la force militaire, et les Européens ont découvert que le pouvoir économique n'est pas forcément synonyme de pouvoir stratégique et géopolitique. Les États-Unis, qui sont restés à la fois un géant économique et un géant militaire, totalisent des moyens bien supérieurs à ceux dont dispose l'Europe pour peser sur la scène internationale.

De fait, durant les années 1990, on a assisté non pas à l'avènement d'une superpuissance européenne mais au déclin accru d'une Europe relativement plus faible, sur le plan militaire, que les États-Unis. Au début de la décennie, le conflit des Balkans devait révéler son incapacité dans ce domaine et son manque de cohésion sur les questions politiques. Puis, à la fin de la période, le conflit du Kosovo mit au jour, entre les deux côtés de l'Atlantique, un écart en matière de technologie militaire et de capacité à mener une guerre moderne qui n'allait faire par la suite que se creuser. Hors d'Europe, cette disparité fut encore plus criante à la fin des années 1990 lorsqu'il devint clair que la capacité et la détermination individuelles ou collectives des puissances européennes pour l'envoi de forces significatives dans des régions troublées extérieures au continent étaient minimes. Certes, les Européens pouvaient dépêcher des troupes pour le maintien de la paix dans les Balkans – ce sont eux d'ailleurs qui ont, au bout du compte, fourni le gros de ces effectifs en Bosnie, au Kosovo et en Macédoine – voire en Afghanistan, et il en sera peut-être un jour de même en Irak. Mais ils ne disposaient pas des moyens nécessaires pour amener et maintenir des troupes de combat sur un territoire potentiellement hostile, même à l'intérieur de leurs frontières. Dans le meilleur des cas, le rôle de l'Europe se borna donc à compléter les forces prévues pour le maintien de la paix après que les États-Unis se furent chargés, le plus souvent seuls, des phases décisives d'une mission militaire, et eurent stabilisé la situation. Comme l'ont dit certains Européens, il y avait un véritable partage des tâches, les États-Unis « préparant le repas » et les Européens « faisant la vaisselle ».

Malgré une propension accrue à recourir à la force militaire, l'Amérique n'était pas pour autant toujours disposée à subir des pertes en vies humaines. La disparité des potentiels militaires n'avait rien à voir avec le courage relatif des soldats américains et européens. De fait, il arriva parfois que les gouvernements français, britannique et même allemand s'inquiètent moins des risques encourus par leurs troupes que les présidents américains. Durant la crise des Balkans du milieu des années 1990 et plus tard au Kosovo, le Premier Ministre britannique Tony Blair se montra plus disposé à expédier des forces sur le terrain pour combattre la Serbie que ne l'était le président Clinton. Cependant, d'une certaine manière, cette disparité elle aussi joua contre les Européens. Le souci des Américains d'éviter les pertes et leur penchant à investir lourdement dans les nouvelles technologies militaires eurent pour effet de doter le pays d'un redoutable potentiel militaire lui permettant de jouir à distance d'une précision extrême en réduisant les risques pour ses hommes. En revanche, les militaires européens étaient technologiquement moins avancés et donc plus astreints au combat rapproché. Cet écart technologique qui se creusa considérablement au cours des années 1990 avec les progrès remarquables réalisés outre-Atlantique en matière de munitions téléguidées de précision, de frappes conjointes, de communications et de collecte des renseignements eut pour seul effet de rendre les Américains encore plus enclins à guerroyer que les Européens car, privés de la capacité nécessaire pour lancer des attaques dévastatrices à grande distance, ces derniers devaient par conséquent payer pour toute action un prix plus fort.

Ces insuffisances militaires de l'Europe par rapport aux États-Unis n'auraient pas dû surprendre puisqu'il s'agissait là d'une caractéristique de ses troupes durant la guerre froide. Le défi stratégique de cette guerre et d'une doctrine de l'endiguement qui obligeait à prévoir, selon le mot célèbre de George Kennan, des « forces habiles et vigilantes pour faire contrepoids sur tout un ensemble de sites géographiques et politiques très mouvants », avait contraint les États-Unis à se doter d'une force militaire capable de se manifester sans retard sur plusieurs fronts très lointains[1]. Le rôle stratégique de l'Europe avait été, lui, radicalement différent puisqu'il consistait à se défendre et à contrer l'assaut des troupes soviétiques, non à envoyer des troupes à

1. X [George F. Kennan], « The Sources of Soviet Conduct », *Foreign Affairs*, juillet 1947, repris *in* James F. Hoge Jr. et Fareed Zakaria éd., *The American Encounter : The United States and the Making of the Modern World*, New York, 1997, p. 165.

l'étranger[1]. La plupart des pays européens avaient donc l'obligation de disposer de forces terrestres importantes prêtes à couper la route à l'envahisseur soviétique sur leur propre territoire, et non de forces mobiles pouvant être dépêchées vers des régions lointaines. Au lendemain de la guerre froide, les Américains et les Européens qui proposèrent à l'Europe d'étendre son influence stratégique au-delà de ses frontières prônaient en fait un changement révolutionnaire de sa stratégie et de son potentiel militaire. Il n'était pas réaliste de vouloir redonner aux Européens le statut de grande puissance qui avait été le leur avant la Seconde Guerre mondiale si les peuples de la région n'acceptaient pas d'opérer un transfert de ressources important des programmes sociaux vers les programmes militaires, et d'entreprendre une restructuration et une modernisation de leur potentiel militaire afin de remplacer les forces conçues pour la défense passive du territoire par d'autres capables d'être propulsées et maintenues loin de leurs bases.

À l'évidence, les électeurs européens n'étaient pas enclins à modifier aussi radicalement les

1. Le Royaume-Uni et la France étaient les deux pays disposant d'un potentiel suffisant pour expédier des troupes à l'étranger, mais leurs moyens étaient beaucoup plus limités que ceux des États-Unis.

priorités. Non seulement ils refusèrent de payer pour l'envoi de troupes hors du continent mais, après la guerre froide, ils ne voulurent pas se doter du potentiel nécessaire pour mener des actions militaires même mineures sur leur propre continent sans l'aide des États-Unis. Et peu importait qu'on leur demande de donner de l'argent pour renforcer l'OTAN ou pour financer une politique étrangère et de défense européenne indépendante. Leur réponse était la même. Plutôt que de considérer l'effondrement de l'Union soviétique comme une occasion d'étendre l'influence stratégique du continent, les Européens y virent l'occasion rêvée de tirer profit de la paix. Pour l'Europe, la chute de l'Union soviétique ne fut pas la simple élimination d'un adversaire stratégique : d'une certaine manière elle supprima le besoin de toute géopolitique. Nombre d'Européens estimèrent que, avec la fin de la guerre froide, le moment était venu d'oublier la stratégie. Ainsi, même si l'on parlait de faire de l'Europe une superpuissance mondiale, les budgets défense moyens des pays de la région tombèrent progressivement à moins de 2 % du PIB et, tout au long des années 1990, le potentiel militaire européen diminua régulièrement par rapport à celui des États-Unis.

De l'autre côté de l'Atlantique, la fin de la guerre froide eut un effet différent. Même si les Américains, eux aussi, voulaient profiter des fruits de la paix et si les budgets défense baissèrent ou restèrent inchangés durant la majeure partie des années 1990, les dépenses en matière de défense devaient se maintenir à plus de 3 % du PIB. Très vite après la déroute de l'Empire soviétique survint l'invasion du Koweït par l'Irak qui amena les Américains à entreprendre leur action militaire la plus importante depuis un quart de siècle, avec le déploiement de plus d'un demi-million de soldats dans la région du golfe Persique. Certes, les administrations américaines réduisirent ensuite le potentiel qui existait au temps de la guerre froide, mais pas dans des proportions aussi drastiques qu'on aurait pu le prévoir. De fait, ces administrations n'envisagèrent pas la fin de la guerre froide comme une occasion de tourner le dos à la stratégie. De la première administration Bush aux années Clinton, la stratégie du pays et la planification du potentiel continuèrent d'être fondées sur le principe que les États-Unis auraient peut-être à livrer et à gagner deux guerres presque au même moment en deux points différents du globe. Quoique souvent contestée, cette norme dite « des deux guerres » ne fut jamais abandonnée par des responsables civils et militaires convaincus que le pays devait être prêt à se battre sur la péninsule coréenne et dans le golfe Persique. Le simple fait que les États-Unis aient pu songer à se doter d'un tel potentiel suffit à les distinguer de leurs alliés européens qui, seuls, ne disposaient pas des moyens nécessaires pour mener ne serait-ce qu'une petite guerre près de chez eux, sans parler de deux grands conflits à des milliers de kilomètres. Dans l'Histoire, la puissance militaire des États-Unis à l'issue de la guerre froide, et notamment sa capacité à propulser cette puissance aux quatre coins du globe, demeurent sans précédent.

Entre-temps, le simple effondrement de l'Empire soviétique accrut dans des proportions considérables la puissance de l'Amérique par rapport au reste du monde. L'imposant arsenal militaire qui jadis suffisait à peine pour contrebalancer le potentiel soviétique était à présent déployé dans un monde où il n'y avait plus un seul adversaire redoutable. La conséquence de cette « unipolarité » était tout à fait naturelle et prévisible : le recours à la force par les États-Unis à l'étranger devint plus tentant. Une fois supprimé le frein que constituait la puissance soviétique, le pays était libre d'intervenir où il voulait et quand il voulait, comme l'a montré la multiplication des interventions militaires à l'étranger qui débuta durant la première administration Bush avec l'invasion du Panama en 1989, la guerre du Golfe en 1991 et l'intervention humanitaire en Somalie en 1992, et se poursuivit, sous Clinton, avec les interventions en Haïti, en Bosnie et au Kosovo. Si beaucoup d'hommes politiques américains prônaient un repli sur soi, la réalité fut tout autre, l'Amérique intervenant hors de ses frontières plus fréquemment qu'elle ne l'avait fait durant la plus grande partie de la guerre froide. Grâce aux nouvelles technologies, le pays fut aussi plus libre d'utiliser la force à travers le monde de manière plus limitée avec des frappes aériennes et des tirs de missiles, ce qu'il fit avec une fréquence accrue. Ainsi, la fin de la guerre froide eut pour effet de creuser le fossé déjà large entre la puissance de l'Amérique et celle du vieux continent.

Psychologie de la puissance et de la faiblesse

Comment se fait-il que cette disparité importante et sans cesse croissante des forces n'ait pas créé un écart de plus en plus grand des points de vue et de la « culture » stratégiques ? Les pays forts voient naturellement le monde sous un autre angle que les pays faibles. Ils évaluent risques et menaces d'une autre façon, ont une autre définition de la sécurité et ont aussi des niveaux de tolérance différents face à l'insécurité. Ceux qui disposent de gros moyens militaires considèrent plus volontiers que les autres la force comme un instrument utile dans les relations internationales. Ils ont d'ailleurs tendance à s'appuyer sur elle plus qu'ils ne devraient. Un Anglais, très critique de la propension des États-Unis à recourir à l'action militaire, rappelle le vieux dicton : « Qui dispose d'un marteau voit des clous partout. » C'est vrai.

Cependant, les pays privés de véritables moyens militaires sont exposés au danger inverse : qui n'a pas de marteau refuse de voir les clous. Les conceptions de la puissance et de la faiblesse et la psychologie qui les sous-tend permettent dans une large mesure, mais certes pas complètement, de comprendre ce qui divise aujourd'hui les États-Unis et l'Europe.

Le problème n'est pas nouveau. Durant la guerre froide, la suprématie militaire américaine et la faiblesse relative de l'Europe furent la source de désaccords importants et parfois graves concernant la course aux armements américano-soviétique et les interventions américaines dans le tiers monde. Le gaullisme, l'*Ostpolitik* et les divers mouvements en faveur de l'indépendance et de l'unité européennes furent non seulement la manifestation du désir du vieux continent de recouvrer son honneur et sa liberté d'action, mais aussi le reflet de sa conviction que l'attitude de l'Amérique dans la guerre froide était trop axée sur la confrontation, trop militariste et trop dangereuse. Après les premières années durant lesquelles Churchill et d'autres reprochèrent parfois aux États-Unis de trop ménager Staline, ce sont en général les Américains qui réclamèrent des formes d'endiguement plus strictes et les Européens qui résistèrent. Ces derniers pensaient qu'ils savaient mieux comment s'y prendre avec les Soviétiques en usant de l'amabilité et de la séduction, des liens politiques et commerciaux, de la patience et de la tolérance. C'est un point de vue qui se défendait et que partagèrent beaucoup d'Américains, surtout pendant et après la guerre du Viet-nam, quand leurs leaders pensaient qu'eux aussi agissaient à partir d'une position de faiblesse. Cependant, le rejet constant par l'Europe des prises de position américaines plus intransigeantes dans la guerre froide était le reflet de sa faiblesse fondamentale et permanente face aux États-Unis : l'Europe disposait tout simplement de moins d'options militaires et se sentait plus vulnérable devant la puissance soviétique. L'attitude européenne fut aussi peut-être marquée par le souvenir des guerres dont le vieux continent avait été le théâtre. Quand ils ne pratiquaient pas eux-mêmes toutes les subtilités de la détente, les Américains considéraient cette approche comme une forme nouvelle de la politique de conciliation, comme un retour à l'attitude timorée des années 1930. Les Européens, eux, y voyaient une politique plus complexe, un moyen d'échapper à la confrontation trop souvent excessive que prônait Washington dans la guerre froide.

Toutefois, durant cette guerre, les désaccords furent plus tactiques que philosophiques. Il ne s'agissait point de conflits sur l'objet de la puissance, étant donné que les deux parties comptaient à l'évidence sur la mise en commun de leurs capacités militaires pour prévenir toute attaque soviétique, même si le risque d'une telle attaque était minime. La fin de la guerre froide qui accrut la disparité des forces et vit disparaître l'ennemi commun soviétique eut pour effet non seulement d'exacerber la différence des points de vue stratégiques, mais aussi de modifier la nature du débat.

Pendant une grande partie des années 1990, de part et d'autre de l'Atlantique, responsables politiques et analystes nostalgiques insistèrent sur le fait qu'Américains et Européens étaient d'accord pour l'essentiel sur la nature des menaces qui pesaient sur la paix et l'ordre mondial, et que leur mésentente portait sur la riposte à prévoir. Mais cette analyse optimiste ne tenait pas compte de l'élargissement du fossé. Au cours de la dernière décennie, les États-Unis et leurs alliés européens ont eu de graves différends sur la nature même de ce qui constitue une menace intolérable pour la sécurité internationale et l'ordre mondial. Le cas de l'Irak en est un exemple patent. Et ces différends sont avant tout le reflet de la disparité des forces.

L'un des sujets de désaccord transatlantique les plus marquants depuis la fin de la guerre froide concerne l'identification des « nouvelles » menaces qui doivent retenir le plus l'attention. Pour les administrations américaines, la première des priorités est constituée par ceux qualifiés d'« États voyous » et que le président George W. Bush a désignés il y a un an comme l'« axe du mal ». La plupart des Européens ont envisagé plus sereinement les risques posés par ces régimes. Comme m'a dit un jour un responsable français, « le vrai problème est celui des "États en faillite", pas des "États voyous" ».

Pourquoi Américains et Européens ont-ils une conception aussi différente des mêmes menaces ? Les seconds prétendent souvent que les Américains ont une exigence déraisonnable de sécurité « totale », sans doute parce qu'ils ont vécu pendant des siècles protégés par deux océans[1]. En revanche, les Européens, eux, savent ce qu'il en est de vivre avec le danger, de vivre en côtoyant le mal, car c'est ce qu'ils ont fait pendant des siècles. D'où leur plus grande tolérance pour des menaces comme celles posées par l'Irak de Saddam Hussein, par l'Iran des ayatollahs ou par la Corée du Nord. Les Américains, disent-ils, exagèrent beaucoup trop les dangers présentés par ces régimes.

Mais cette explication culturelle est très insuffisante. Durant les premières décennies de leur formation, les États-Unis vécurent dans un état de profonde insécurité, environnés sur le continent nord-américain d'empires européens

1. C'est aussi d'ailleurs l'argument couramment avancé par les manuels américains.

hostiles, menacés en permanence d'éclatement par des forces centrifuges bénéficiant du soutien d'ennemis externes : c'est ainsi que l'insécurité du pays constitua le thème central du discours d'adieu de George Washington. Quant à la tolérance supposée des Européens vis-à-vis de l'insécurité et du mal, on l'exagère aussi peut-être un peu. Durant près de trois siècles, catholiques et protestants du vieux continent ont le plus souvent préféré s'étriper que tolérer la présence de l'autre. Au cours des deux derniers siècles, on ne peut pas dire non plus que Français et Allemands aient manifesté une très grande acceptation réciproque. Selon certains Européens, c'est justement pour avoir tant souffert que l'Europe tolère mieux la souffrance que l'Amérique et, par conséquent, tolère mieux les menaces. De fait, c'est sans doute l'inverse qui est vrai. Ainsi, le souvenir de la Première Guerre mondiale a rendu les populations française et britannique plus craintives à l'égard de l'Allemagne nazie et non plus tolérantes, et cette attitude est en grande partie responsable de la stratégie de conciliation des années 1930.

Il est une meilleure explication à la plus grande tolérance manifestée aujourd'hui par l'Europe face au danger, c'est sa relative faiblesse. Les psychologies respectives de la puissance et de la faiblesse sont assez faciles à comprendre. L'homme armé d'un seul couteau peut décider que l'ours qui rôde dans la forêt est un danger supportable dès lors que l'alternative – chasser l'ours à l'aide d'un seul couteau – est en fait plus risquée que de se tapir en espérant que l'animal n'attaquera point. Toutefois, s'il dispose d'un fusil, le même homme tiendra sans doute un raisonnement différent sur ce qui constitue un risque supportable. Pourquoi risquer d'être mis en pièces s'il peut l'éviter ? C'est cette réaction psychologique tout à fait courante qui a dressé l'une contre l'autre l'Europe et l'Amérique. La vaste majorité des Européens a toujours pensé que le danger posé par Saddam Hussein est moins grand que le risque de son éviction. Toutefois, comme ils sont plus forts, les Américains ont développé un seuil de tolérance moindre à l'endroit de Saddam Hussein et de ses armes de destruction massive, surtout au lendemain du 11 Septembre. Les deux évaluations sont également convaincantes, mais elles s'inscrivent dans les perspectives contraires d'une Amérique forte et d'une Europe faible. Les Européens aiment à dire que les Américains sont obsédés par la résolution des problèmes, mais force est de constater que ceux disposant des moyens de résoudre un problème tentent plus souvent de passer à l'acte que ceux qui en sont démunis. Les Américains pouvaient imaginer qu'ils réussiraient à envahir l'Irak et à renverser Saddam. C'est pourquoi, fin 2002, plus de 70 %

d'entre eux se sont prononcés en faveur d'une telle action. En revanche, il n'est pas surprenant de constater que cette perspective fut jugée en Europe à la fois impensable et terrifiante.

L'incapacité à répondre aux menaces conduit à la tolérance mais elle peut également conduire au déni. Il est normal de tenter de chasser de son esprit ce contre quoi on ne peut rien. Selon un spécialiste de l'opinion européenne, c'est sur le concept même de « menaces » que s'opposent responsables européens et américains. Ces derniers, déclare Steven Everts, parlent de « menaces » étrangères telles que « la prolifération d'armes de destruction massive, le terrorisme et "les États voyous" ». Mais les Européens concentrent leur attention sur des « dangers » tels que « les conflits ethniques, les migrations, le crime organisé, la pauvreté et la dégradation de l'environnement ». Toutefois, comme le note Everts, la différence essentielle est moins une affaire de culture et de philosophie que de moyens. Les Européens « se préoccupent surtout des problèmes... qui peuvent être résolus par un engagement politique et par des investissements massifs »[1]. En d'autres termes, les Européens se

1. Steven Everts, « Unilateral America, Lightweight Europe ? : Managing Divergence in Transatlantic Foreign Policy », document de travail du Centre for European Reform, février 2001.

focalisent sur les problèmes – les « dangers » – pour lesquels ils peuvent faire jouer leurs points forts mais pas sur les « menaces » pour lesquelles, en raison de leur faiblesse, toute tentative de règlement est incertaine. Si la culture stratégique actuelle de l'Europe valorise moins la force brutale et le pouvoir des armes au profit d'instruments moins agressifs tels que l'économie et le commerce, n'est-ce pas en partie parce que cette Europe est faible au plan militaire et forte au plan économique ? Les Américains sont plus prompts à reconnaître l'existence de menaces, et même à les percevoir quand elles sont invisibles pour les autres, parce qu'ils peuvent imaginer d'agir pour les contrer.

Toutefois, les différences de perception de la menace aux États-Unis et en Europe ne sont pas liées simplement à des questions de psychologie. Elles sont aussi l'émanation d'une réalité concrète qui est une autre conséquence de la disparité des forces et de la structure de l'ordre international actuel. En effet, si l'Irak et d'autres États « voyous » constituent une menace pour l'Europe, il faut reconnaître en toute objectivité que le niveau d'alerte est plus élevé pour les États-Unis. Tout d'abord, il y a la garantie de sécurité américaine dont jouit l'Europe depuis soixante ans, depuis que l'Amérique a décidé de se charger du maintien de l'ordre dans des régions lointaines du globe – de l'Asie de l'Est au Moyen-Orient – après le retrait quasi total de l'Europe. Ainsi, qu'ils en conviennent ou non, les Européens ont toujours supposé que, si l'Irak ou tout autre État « voyou » venait à présenter un danger réel et précis, et non plus simplement un danger potentiel, les États-Unis se chargeraient de régler le problème. Si, durant la guerre froide, elle a, par la force des choses, contribué massivement à sa propre défense, l'Europe a bénéficié, depuis la fin du conflit, d'une dose sans précédent de « sécurité gratuite » parce que la plupart des menaces probables émanent de régions situées hors d'Europe, où seuls les États-Unis peuvent dépêcher des forces suffisantes. Très concrètement – en d'autres termes, lorsqu'il s'agit d'élaborer une véritable stratégie –, ni l'Irak, ni la Corée du Nord, ni aucun autre État « voyou » de la planète ne constituent au premier chef un problème européen. Et cela est encore plus vrai de la Chine. Européens et Américains sont d'accord pour considérer qu'il s'agit là de questions essentiellement américaines.

C'est pourquoi Saddam Hussein a toujours été jugé plus dangereux par les États-Unis que par l'Europe. Conséquence logique de la disparité des forces entre les deux bords de l'Atlantique, la tâche consistant à contenir ce danger a toujours incombé essentiellement à l'Amérique, non à l'Europe. Tout le monde est d'accord sur ce point[1] – y compris Saddam lui-même, et c'est pourquoi il a toujours fait des États-Unis, et non de l'Europe, son principal adversaire. Dans le golfe Persique, au Moyen-Orient et dans la plupart des autres régions du monde (y compris l'Europe), les États-Unis jouent le rôle du gendarme suprême. « Vous êtes si puissants, leur disent souvent les Européens, qu'il n'y a pas de raison de vous sentir menacés. » Mais c'est précisément la grande puissance de l'Amérique et sa détermination à assumer la responsabilité de protéger les autres nations qui font d'elle une cible de choix, et souvent la seule cible. La plupart des Européens se satisfont à juste titre de cette situation.

Un sondage d'opinion effectué à l'été 2002 en Europe et en Amérique a montré très clairement cet écart dans la perception de la menace de chaque côté de l'Atlantique. Même si l'on a beaucoup dit qu'il montrait une convergence des publics américain et européen, les résultats ont révélé que le premier se préoccupe beaucoup plus du danger constitué non seulement par l'Irak, l'Iran et la Corée du Nord, mais aussi par la Chine, la Russie, la confrontation Inde-Pakistan et même le conflit entre Israël et les États arabes – sur presque tous ces problèmes beau-

1. Malgré la contribution britannique importante aux opérations militaires en Irak.

coup plus d'Américains que d'Européens ont exprimé leur inquiétude[1]. Mais pourquoi les Américains, « protégés par deux océans », se préoccupent-ils davantage d'un embrasement du sous-continent asiatique, du Moyen-Orient ou de la Russie que les Européens beaucoup plus proches de toutes ces régions ? La raison est simple : les Américains savent que, lorsqu'une crise internationale éclate dans le détroit de Formose, au Cachemire ou en quelque autre endroit, ils sont toujours les premiers à se trouver impliqués. Les Européens eux aussi le savent. Les sondages qui montrent les Américains plus préoccupés par toutes les menaces pesant sur la sécurité du monde, et les Européens plus inquiets du réchauffement de la pla-

1. Ce sondage, commandé par le Fonds Marshall allemand et le Chicago Council on Foreign Relations, a été effectué entre le 1er juin et le 6 juillet 2002. À la question de savoir quelles « menaces possibles aux intérêts vitaux » étaient « extrêmement importantes », 91 % des Américains ont cité le « terrorisme international » contre 65 % d'Européens. Sur le « développement par l'Irak d'armes de destruction massive », l'écart était de 28 points, 86 % d'Américains voyant dans l'Irak une menace « extrêmement importante » contre 58 % d'Européens. Autres chiffres : sur l'« intégrisme islamique », 61-49, sur le « conflit militaire entre Israël et ses voisins arabes », 67-43, sur « les tensions entre l'Inde et le Pakistan », 54-32, sur le « développement de la Chine en tant que puissance mondiale », 56-19, sur les « remous politiques en Russie », 27-15.

nète, apportent la preuve que les deux publics se font une idée remarquablement exacte du rôle très différent que leur pays tient dans le monde.

Les Américains sont des « cow-boys », aiment à dire les Européens. Et il y a du vrai dans cette boutade. Les États-Unis agissent vraiment comme un shérif international, peut-être autoproclamé mais néanmoins bien apprécié, en tentant de faire régner la paix et la justice dans un monde à leurs yeux anarchique où les hors-la-loi doivent être neutralisés ou éliminés, et souvent avec une arme. Toujours selon cette analogie avec le Far West, l'Europe serait plutôt le patron du saloon, et l'on sait que les hors-la-loi tirent sur le shérif, pas sur le tenancier. En fait, pour ce dernier, le shérif qui tente d'imposer le respect de l'ordre par la force est parfois plus dangereux que les hors-la-loi qui veulent, au moins pour l'instant, juste boire un verre.

Quand les Européens sont descendus par millions dans la rue après le 11 Septembre, la plupart des Américains ont pensé qu'ils étaient mus par le sentiment du danger partagé et de l'intérêt commun : les Européens savaient qu'ils pouvaient être les prochains visés. De fait, la majorité d'entre eux n'a pas réagi de cette manière car ils n'ont jamais vraiment pensé être les suivants sur la liste. Ils serviront peut-être de cible secondaire en raison de leur alliance avec les États-Unis, mais ils ne peuvent pas être la cible principale car l'Europe n'a plus au Moyen-Orient ce rôle de puissance impériale propre à déclencher contre elle un antagonisme comparable à celui suscité par les États-Unis. Quand les Européens ont pleuré et agité des drapeaux américains au lendemain du 11 Septembre, ce fut par pure compassion. Il s'agissait de témoigner aux Américains tristesse et affection. Pour le meilleur et pour le pire, les élans de solidarité européens ont été plus inspirés par l'amitié que par un savant calcul d'intérêts. Et cette profonde sympathie qui ne s'est pas accompagnée d'un sentiment de risque partagé ni de responsabilité commune n'a pas réuni Européens et Américains au sein d'une même alliance stratégique. Au contraire. Dès que les Américains ont eu en tête autre chose que le souci immédiat de débusquer et supprimer Ousama Ben Laden et Al-Qaïda en se fixant des objectifs stratégiques plus larges dans la « guerre contre le terrorisme », les Européens ont pris leurs distances.

Les différences que l'on relève dans la perception des dangers et dans les méthodes envisagées pour y faire face ne sont à certains égards que la manifestation de surface de différences plus fondamentales dans les conceptions du monde d'une Amérique forte et d'une Europe relativement faible. Il ne s'agit pas simplement de divergences sur un problème spécifique tel que celui de l'Irak, mais du fait que les uns et les autres ne se font pas la même idée de la façon de gouverner le monde, du rôle des institutions internationales et du droit international, de l'équilibre à établir entre l'usage de la force et celui de la diplomatie dans les affaires internationales.

Certaines de ces différences sont dues à la disparité des forces. La faiblesse relative de l'Europe a engendré, comme il se doit, un très vif désir de bâtir un monde où le pouvoir militaire et la manière forte importent moins que le pouvoir économique et la manière « douce », un ordre mondial où le droit international et les institutions internationales importent plus que le pouvoir de tel ou tel pays, où l'action unilatérale par des États puissants est proscrite, où toutes les nations, quelle que soit leur force, ont les mêmes droits et bénéficient de la même protection garantie par des règles de conduite internationales approuvées par tous. En raison de leur faiblesse relative, les Européens ont tout intérêt à dénoncer et à vouloir éradiquer les lois brutales d'un monde anarchique hobbésien où la puissance est la condition ultime de la sécurité nationale et de la réussite.

Il ne s'agit pas d'une critique car tel a toujours été le souhait des nations faibles depuis la nuit des temps. C'est le but que recherchaient les Américains eux-mêmes au XVIIIe siècle et au début du XIXe, quand pesait sur eux en permanence la menace d'une politique européenne du coup de force pratiquée par des géants mondiaux tels que la France, l'Angleterre et la Russie. C'est aussi ce que réclamaient à la même époque les autres petits pays d'Europe placés sous la coupe des Bourbons et autres puissants monarques qui leur opposaient en ricanant la *raison d'État*[1]. Au XVIIIe siècle, ce sont les États-Unis qui furent les grands défenseurs de l'application du droit international en haute mer, avec pour adversaire la marine britannique, la « Maîtresse des mers ». Dans un monde anarchique, les petits craignent toujours d'être les victimes. De leur côté, les grandes puissances redoutent plus souvent des règles susceptibles de les brider que l'anarchie où leur pouvoir leur garantit sécurité et prospérité.

Cette opposition naturelle et historique entre les forts et les faibles se manifeste aujourd'hui dans le conflit transatlantique sur la question de l'unilatéralisme. En général, les Européens pensent que leur rejet de l'unilatéralisme américain est le signe de leur plus grand attachement aux principes de l'ordre mondial. Certes, il est vrai que, même s'il n'est pas total, cet attachement est plus fort que celui de la plupart des Américains. Mais les Européens rechignent davantage à reconnaître une autre vérité, à savoir que leur hostilité à l'unilatéralisme est également motivée

1. En français dans le texte (*N.d.T.*)

par l'intérêt personnel. Comme la capacité d'entreprendre des actions militaires unilatérales leur fait défaut, soit individuellement soit collectivement sous l'étiquette « Europe », il est naturel qu'ils refusent à d'autres ce qu'ils ne peuvent eux-mêmes accomplir. Pour les Européens, l'appel au multilatéralisme et au droit international est concrètement très payant et ne coûte pas cher.

On ne peut pas en dire autant des États-Unis. Les sondages montrent en permanence que les Américains sont en principe favorables à une action multilatérale. Ils sont même partisans d'agir sous la bannière des Nations unies qui, après tout, est leur création. Mais il reste que les États-Unis peuvent agir unilatéralement et qu'ils l'ont fait plus souvent qu'à l'ordinaire avec une bonne dose de réussite. L'affirmation facile que les États-Unis ne peuvent « faire cavalier seul » est plus une platitude et un vœu pieux qu'un constat fondé sur la réalité. Les Américains préfèrent sans aucun doute agir de concert avec d'autres, et les actions américaines ont plus de chances d'aboutir quand les États-Unis ont des alliés. Mais s'il était avéré qu'ils ne peuvent agir unilatéralement, nous n'aurions pas ce grand débat transatlantique sur leur unilatéralisme. Le problème aujourd'hui, si problème il y a, est que l'Amérique peut vraiment « faire cavalier seul », et il n'est pas surprenant que cette superpuissance veuille préserver sa capacité dans ce domaine. La logique géopolitique montre que les Américains ont beaucoup moins de raisons que les Européens de soutenir le multilatéralisme comme principe universel pour régir le comportement des nations. Que l'action unilatérale soit bonne ou mauvaise, les Américains ont objectivement plus à perdre à la bannir qu'aucune autre puissance dans le monde unipolaire qui est le nôtre. De fait, pour partager le point de vue des Européens sur les vertus du multilatéralisme, il faudrait qu'ils soient encore plus attachés que ces derniers aux idées et aux principes d'un ordre juridique international. Pour les Européens, idéaux et intérêts convergent dans un monde gouverné selon le principe du multilatéralisme. Pour les Américains, cette convergence est bien moindre.

Il est également compréhensible que les Européens redoutent l'unilatéralisme des États-Unis et cherchent à le brider autant que faire se peut par le biais d'institutions telles que les Nations unies. Ceux qui ne peuvent eux-mêmes agir unilatéralement veulent disposer d'un mécanisme qui leur permette de contrôler ceux qui en ont les moyens. Pour les Européens, l'Amérique est un chef relativement amène mais, dans la mesure où ses actions retardent l'avènement d'un ordre mondial plus favorable à la sécurité des faibles, elle est objectivement dangereuse.

C'est l'une des raisons pour lesquelles, au cours de ces dernières années, l'un des objectifs principaux de la politique étrangère européenne a été, comme l'a dit un observateur européen, de « multilatéraliser » les États-Unis[1]. C'est pourquoi les Européens insistent pour que ces derniers n'agissent qu'avec le consentement du Conseil de sécurité de l'ONU. Le Conseil de sécurité est une vague approximation d'un véritable ordre multilatéral car il fut conçu pour donner aux cinq « grandes puissances » de l'après-guerre tout pouvoir de décision sur ce qui était légitime ou pas en matière d'action internationale. De nos jours, le Conseil ne compte qu'une seule « grande puissance », les États-Unis. Mais il n'en reste pas moins l'endroit où une nation plus faible telle que la France a, au moins en théorie, le pouvoir de contrôler l'action des États-Unis, *à condition* que ces derniers acceptent d'assister aux débats du Conseil et de se plier à ses décisions. Pour les Européens, le Conseil de sécurité de l'ONU est un substitut du pouvoir qui leur fait défaut.

De fait, malgré les prédictions de Huntington et de nombreux théoriciens réalistes, les Européens n'ont pas cherché à contrer le pouvoir croissant du colosse américain en développant leur propre pouvoir. À l'évidence, même une

1. Steven Everts, doc. cit.

Amérique unilatérale ne leur semble pas constituer une menace suffisante qui justifie une augmentation des dépenses militaires pour la contenir. Ils ne veulent pas non plus compromettre leurs vastes échanges avec ce pays en tentant de faire jouer leur puissance économique contre le chef. Enfin, ils ne sont pas disposés à s'allier avec la Chine, qui est prête à augmenter son budget défense, pour faire contrepoids aux États-Unis. Ainsi, les Européens espèrent plutôt contenir la puissance américaine sans avoir à user eux-mêmes de la force. Par une démarche qui est peut-être le nec plus ultra de la subtilité et de l'action indirecte, ils veulent contrôler le mastodonte en faisant appel à sa conscience.

Cette stratégie est bonne mais jusqu'à un certain point. En effet, les États-Unis sont bien un mastodonte doté d'une conscience. On est loin de la France de Louis XIV ou de l'Angleterre de George III. Les Américains ne prétendent pas, même à l'intérieur, que leurs actions sont justifiées par la *raison d'État* [1]. Ils ne font pas valoir le droit du plus fort et ne cherchent pas à convaincre le reste du monde, comme le firent les Athéniens à Mélos, que « les forts exercent leur domination là où ils le peuvent et les faibles subissent ce qu'ils doivent subir ». Les Américains n'ont jamais embrassé les principes du

1. En français dans le texte. (*N.d.T.*)

vieil ordre européen ni adhéré aux vues de Machiavel. Les États-Unis sont à tous égards une société libérale, progressiste et, dans la mesure où ils croient à la puissance, les Américains pensent que celle-ci doit servir à promouvoir les principes d'une civilisation libérale et d'un ordre mondial libéral. Ils partagent même les aspirations européennes en faveur d'un système mondial plus ordonné, fondé non sur la puissance mais sur des règles – après tout, tel était déjà leur objectif quand les Européens en étaient encore à vanter les lois de la *machtpolitik*. Toutefois, s'ils conditionnent la politique étrangère de part et d'autre de l'Atlantique, ces idéaux et ces aspirations communes ne gomment pas pour autant les divergences profondes dans l'idée que les uns et les autres se font du monde et du rôle de la puissance dans les affaires internationales.

L'hyperpuissance

Les tensions actuelles entre Européens et Américains ne sont pas apparues avec l'investiture de George W. Bush en janvier 2001 et n'ont pas commencé non plus après le 11 Septembre. Si la diplomatie empotée de l'administration Bush au cours des premiers mois a sans aucun doute accentué les divergences entre les points de vue américain et européen en matière de gouvernance mondiale, et si les attentats du 11 Septembre ont cruellement mis en lumière le gouffre séparant les conceptions stratégiques des uns et des autres, il n'en reste pas moins que ces divisions étaient déjà manifestes durant la présidence de Clinton et même durant la première administration Bush. Dès 1992, les récriminations réciproques allaient bon train à propos de la Bosnie. La première administration Bush refusa d'agir, considérant qu'elle avait ailleurs des obligations stratégiques plus importantes. Les Européens déclarèrent alors qu'ils allaient le faire, soulignant que « l'heure de l'Europe » avait sonné, mais cette déclaration devait rester lettre morte, et il apparut que, même en Bosnie, l'Europe ne pouvait se passer des États-Unis. Quand la France et l'Allemagne prirent les premières petites mesures pour mettre sur pied quelque chose ressemblant à une force de défense européenne indépendante, l'administration Bush se mit en colère. L'Europe eut alors le sentiment de perdre sur les deux tableaux. D'un côté, les États-Unis renonçaient à défendre la sécurité européenne et, de l'autre, ils s'opposaient aux aspirations des Européens à prendre la chose en main [1]. Les Européens crièrent alors à la perfidie des Américains, et les Américains s'indignèrent de la faiblesse et de l'ingratitude des Européens.

Aujourd'hui, de nombreux Européens considèrent la présidence Clinton comme une période d'harmonie transatlantique. Pourtant, c'est à ce moment que commencèrent à s'élever les premières plaintes contre la puissance et l'arrogance américaines au lendemain de la guerre froide. C'est sous Clinton que le ministre des Affaires étrangères français de l'époque, Hubert

1. Charles Grant, « European Defence post-Kosovo ? », document de travail du Centre for European Reform, juin 1999, p. 2.

Védrine, forgea le terme *hyperpuissance*[1] pour désigner un mastodonte américain trop inquiétant par son pouvoir pour être simplement qualifié de superpuissance. Et c'est durant les années 1990 que les Européens commencèrent à voir en l'Amérique « un chef tyrannique ». Ces griefs concernaient surtout le secrétaire d'État Madeleine Albright qu'un détracteur américain qualifia, de façon un peu outrancière, de « premier secrétaire d'État dans l'histoire des États-Unis dont la spécialité en matière de diplomatie... consiste à sermonner les autres gouvernements, à tenir des propos menaçants et à se vanter sans vergogne de la puissance et des mérites de son pays[2] ».

Dès les années 1990, la question qui commença à diviser le plus notablement Américains et Européens était déjà l'Irak. Les Européens furent consternés quand Albright et d'autres responsables de l'administration commencèrent en 1997 à laisser entendre que les sanctions imposées à ce pays ne pouvaient être levées tant que Saddam Hussein serait au pouvoir. Ils estimaient, à l'européenne, qu'il fallait encourager l'Irak à réformer sa conduite et non

---

1. En français dans le texte. (*N.d.T.*)
2. Commentaire de l'ancien conseiller du Département d'État Charles Maechling Jr., cité *in* Thomas W. Lippman, *Madeleine Albright and the New American Diplomacy*, Boulder, Colo., 2000, p. 165.

le menacer, à l'américaine, d'autres mesures économiques et militaires coercitives. Les divergences croissantes entre les États-Unis et leurs alliés sur la question irakienne éclatèrent au grand jour fin 1997 quand l'administration Clinton tenta d'augmenter la pression sur Bagdad pour l'obliger à coopérer avec les inspecteurs en armement des Nations unies, et que la France se joignit à la Russie et à la Chine pour contrer la proposition américaine au Conseil de sécurité. Quand l'administration Clinton opta enfin pour le recours à la force militaire et bombarda l'Irak en décembre 1998, elle le fit sans l'aval du Conseil et avec le seul soutien de la Grande-Bretagne. Au cours des derniers mois du mandat présidentiel, elle continua de penser que « l'Irak, sous Saddam Hussein, reste dangereux, rétrograde, provocateur et isolé », qu'il « ne sera jamais capable d'être réhabilité ni réintégré dans la communauté des nations » avec Saddam à sa tête[1]. Telle n'était pas l'opinion de la France ni de la quasi-totalité des autres pays européens dont la visée était précisément de faciliter la réhabilitation et la réintégration de l'Irak de Saddam Hussein.

C'est aussi durant les années 1990 que sont

1. Déclaration du secrétaire d'État adjoint Martin Indyk devant le Council of Foreign Relations, 22 avril 1999, cité in *ibid.*, p.183

apparus pour la première fois certains des problèmes litigieux qui allaient déchaîner des tempêtes transatlantiques au cours de la seconde administration Bush. En effet, c'est Clinton qui prit les premières mesures en vue de créer un nouveau système de défense antimissile destiné à protéger l'Amérique contre des États « voyous » détenteurs de l'arme nucléaire tels que la Corée du Nord. Un tel système risquait de vider de leur substance le traité sur les missiles antibalistiques ainsi que la doctrine d'une destruction réciproque assurée que les Européens avaient longtemps considérée comme la pierre angulaire de leur propre sécurité stratégique. Il risquait également de protéger le territoire américain en laissant les Européens à la merci d'une attaque nucléaire, ce que ces derniers jugeaient bien sûr peu souhaitable. L'administration Clinton participa à la négociation du protocole de Kyoto concernant le changement climatique mondial, mais à dessein ne soumit pas le texte au Sénat qui l'aurait certainement rejeté. Enfin, c'est l'administration Clinton qui, talonnée par le secrétaire à la Défense William Cohen et par de hauts responsables militaires du Pentagone, exigea pour la première fois que les soldats américains soient à l'abri de poursuites entamées par le nouveau Tribunal pénal international. Or cette instance était devenue le symbole par excellence des aspirations européennes à un monde où toutes les nations seraient égales devant la loi. En tournant ainsi le dos au multilatéralisme prôné unanimement par les Européens, le président Clinton céda dans une certaine mesure aux pressions d'un Congrès hostile, dominé par les républicains. Mais son administration elle-même estimait que ces traités n'étaient pas bons. De fait, Clinton fut beaucoup moins « européen » qu'on a bien voulu le dire plus tard. Quoi qu'il en soit, les divergences croissantes entre les politiques américaine et européenne durant son mandat étaient le reflet d'une réalité plus profonde. Les États-Unis de l'après-guerre froide devenaient plus unilatéraux dans leur approche du reste du monde, et ce à une époque où les Européens s'efforçaient vigoureusement une nouvelle fois de créer un système juridique international plus ambitieux, justement dans le but de contrer un tel unilatéralisme.

Au printemps 1999, le conflit du Kosovo nous livre aussi un aperçu intéressant de l'avenir. Si la campagne militaire alliée contre la Serbie de Slobodan Milosevic fut une réussite et permit à l'OTAN, après un demi-siècle d'existence, d'entrer pour la première fois en action, ce conflit mit également au jour des failles discrètes dans l'alliance à l'issue de la guerre froide – failles qui ont survécu au Kosovo mais qui pourraient bien ne pas résister aux pressions plus fortes d'un autre type de guerre dans une conjoncture internationale différente.

La conduite des opérations fut le reflet du grave déséquilibre militaire qui existait entre les deux bords de l'Atlantique. Les États-Unis assurèrent la plupart des missions aériennes, et presque toutes les munitions téléguidées de précision qui furent larguées sur la Serbie et le Kosovo étaient de fabrication américaine. Enfin, en raison de la supériorité incontestable de leurs moyens techniques pour la collecte de renseignements, 99 % des cibles furent sélectionnées par les sources de renseignements américaines. Cette suprématie dans l'effort de guerre perturba les Européens à deux égards. Tout d'abord, le coup porté à leur honneur fut assez brutal. Comme l'ont fait remarquer après la guerre deux analystes britanniques, même le Royaume-Uni « qui s'enorgueillit d'être une vraie puissance militaire, n'a fourni que 4 % des appareils et 4 % des bombes larguées[1] ». Pour les plus éminents stratèges français, allemands et anglais, la guerre du Kosovo n'a fait que « mettre en évidence l'impuissance des forces armées du vieux continent ». Il était vexant de constater que, même dans une région aussi proche que les Balkans, la « capacité [européenne] à déployer

1. Tim Garden et John Roper, « Pooling Forces », Centre for European Reform, décembre 1999.

des forces » ne représentait qu'un « infime pourcentage » de celle des États-Unis[1].

Mais il est un fait plus troublant encore : la dépendance de l'Europe vis-à-vis de la puissance militaire américaine donna aux États-Unis une influence prépondérante non seulement sur la conduite de la guerre mais aussi sur les tractations diplomatiques internationales avant, pendant et après le conflit. Ainsi, les Européens proposèrent une pause dans les bombardements après quelques jours afin de donner à Milosevic l'occasion de mettre un terme à la crise. Cependant, les États-Unis et le commandant en chef américain de l'OTAN, le général Wesley K. Clark, refusèrent. La plupart des Européens, et notamment les Français, voulaient une intensification progressive des bombardements afin de limiter les dommages pour la Serbie et inciter Milosevic à cesser les hostilités avant que l'OTAN détruise tout ce qui lui tenait à cœur. Mais Clark s'y opposa. « La stratégie militaire telle que nous la concevons en Amérique, expliqua-t-il, consiste à aller le plus loin possible, une fois entamé le recours à la force[2]. » De nombreux Européens

---

1. Christoph Bertram, Charles Grant et François Heisbourg, « European Defence : The Next Steps », Centre for European Reform, CER Bulletin, n° 14, octobre/novembre 2000.

2. Wesley K. Clark, *Waging Modern War*, New York, 2001, p. 449.

voulaient centrer les bombardements sur les forces serbes engagées dans la « purification ethnique » au Kosovo. Mais, rappelle Clark, « la plupart des Américains pensaient que le moyen le plus rapide et le plus efficace pour amener Milosevic à changer d'avis était de le frapper, lui et son régime, le plus durement possible [1] ».

Peu importe de savoir qui avait raison sur la manière de conduire cette guerre ou toute autre guerre. Reste une constatation amère pour les Européens : ayant été mené avec des « équipements américains », ce conflit dut obéir en grande partie à la « doctrine américaine » [2]. Ainsi, malgré toute sa puissance économique et le formidable exploit de son union politique, l'Europe afficha sa faiblesse sur le plan militaire et, partant, diplomatique, ce qui amoindrit considérablement son influence politique par rapport aux États-Unis, même lors d'une crise sur le vieux continent.

Les Américains, eux aussi, furent malheureux. Le général Clark et ses collègues se plaignirent que les efforts laborieux entrepris pour préserver le consensus au sein de l'alliance entravèrent le déroulement des opérations sur le terrain et

---

1. Les Américains ne voulurent pas non plus que leurs pilotes volent à basse altitude car ils risquaient alors davantage d'être abattus. *Ibid.*, p. 449.

2. Tim Garden et John Roper, « Pooling Forces », doc. cit.

retardèrent l'issue victorieuse du conflit. Avant la guerre, souligna plus tard Clark, « nous n'avons pas pu lancer à Milosevic une mise en garde claire et sans détour », en partie parce que de nombreux pays européens ne voulaient pas brandir la menace d'une action militaire sans mandat du Conseil de sécurité de l'ONU – ce que Clark appelle, de façon typiquement américaine, les « problèmes juridiques » de l'Europe. Pour les Américains, ces « problèmes juridiques [...] firent obstacle à une préparation rationnelle et ordonnée » du conflit[1]. Pendant le déroulement des opérations, Clark et ses collègues américains jugèrent exaspérante la nécessité constante de rechercher un compromis entre la doctrine militaire américaine et ce que Clark appelait l'« approche européenne[2] ». « Ce sont toujours les Américains qui demandaient une escalade en direction de nouvelles cibles plus sensibles... et toujours les mêmes Alliés qui exprimaient doutes et réserves ». Selon Clark, « l'efficacité opérationnelle s'est trouvée amoindrie du fait

1. Clark, *Modern War, op. cit.*, p. 420-421. « Le manque de compétence juridique, rappelle Clark, poussa presque tous les membres de l'OTAN à rejeter la demande initiale d'autorisation présentée par le secrétaire d'État à la Défense, William Cohen, afin qu'une menace de l'OTAN pût être proférée » avant le déclenchement des hostilités au début de 1999.

2. *Ibid.*, p. 449.

que nous avons dû limiter la nature des opérations afin de répondre aux préoccupations politiques et juridiques des membres de l'OTAN[1] ». Il en résulta une guerre qui ne fut du goût ni des Américains, ni des Européens. Lors d'une réunion des ministres de la Défense de l'OTAN quelques mois après l'issue du conflit, l'un d'eux observa que la leçon principale à tirer de l'action alliée au Kosovo était : « Plus jamais ça[2]. »

Heureusement pour la santé de l'alliance en 1999, Clark et ses supérieurs au sein de l'administration Clinton estimèrent qu'il fallait à tout prix sauvegarder l'unité des alliés. Cependant, si les Américains ont tenu à préserver la cohésion transatlantique même aux dépens de l'efficacité militaire, c'est en grande partie à cause des circonstances particulières, voire uniques, du conflit du Kosovo. Pour les États-Unis, le maintien de la cohésion et de la viabilité de l'alliance ne fut pas juste un moyen pour parvenir à une fin dans la région mais l'un des objectifs majeurs de l'intervention américaine, tout comme la sauvegarde de l'alliance avait été le motif principal de leur intervention antérieure en Bosnie, et tout comme la préservation de la cohésion de

1. *Ibid.*, p. 426.
2. Clark, désabusé, note que « personne n'a ri ». *Ibid.*, p. 417.

l'alliance avait été l'un des buts premiers de la stratégie américaine durant la guerre froide.

Quand l'Amérique était restée à l'écart du conflit des Balkans durant la première administration Bush et le premier mandat de Clinton, c'est le sort même de l'OTAN qui avait semblé compromis. En effet, le secrétaire d'État James Baker avait qualifié la guerre des Balkans de « conflit strictement européen » et déclaré que les États-Unis n'avaient « aucun enjeu dans cette affaire ». Largement partagés par ses collègues, y compris notamment par Colin Powell qui présidait alors l'organe du ministère de la Défense composé des chefs d'état-major des trois armes, de tels sentiments avaient soulevé des questions troublantes sur le rôle de l'Amérique en Europe après la fin de la guerre froide. Les États-Unis étaient-ils toujours engagés à préserver la sécurité et la stabilité du vieux continent ? L'OTAN pourrait-elle relever ce que l'on considérait être alors les « nouveaux » défis de l'après-guerre froide, les conflits ethniques et l'effondrement des États ? Ou bien, cette alliance conduite par les États-Unis avait-elle fait son temps, au point de ne plus pouvoir stopper les agressions et la purification ethnique même sur le continent européen ?

L'engagement de l'Amérique au Kosovo ou en Bosnie ne se fonda pas sur des calculs concernant l'« intérêt national » au sens étroit du terme, du moins tel que le concevaient la plupart de ses citoyens. Si les États-Unis avaient un intérêt moral très fort à mettre fin au génocide et à la purification ethnique, surtout en Europe, les théoriciens réalistes américains soulignèrent, eux, que le pays n'avait aucun « intérêt national » en jeu dans les Balkans. Lorsque les responsables de l'administration Clinton et d'autres partisans de l'intervention américaine invoquèrent cet intérêt pour justifier l'intervention militaire américaine, ce fut comme moyen de préserver l'alliance et de colmater les brèches survenues dans les relations transatlantiques. Comme au temps de la guerre froide, l'Amérique a combattu dans les Balkans pour protéger l'« Occident ». Et c'est cette visée qui détermina sa stratégie militaire. Comme l'a déclaré le général Clark : « Aucun objectif ni ensemble d'objectifs ne pesa plus lourdement que la cohésion de l'OTAN[1]. »

Une telle approche de la guerre était peut-être justifiée au Kosovo et en Bosnie, mais elle posait problème pour la suite. Clark ou tout autre commandant américain à venir tiendrait-il le même raisonnement dans un autre contexte ? Lui-même ou ses successeurs seraient-ils prêts à sacrifier l'efficacité opérationnelle, l'escalade rapide, la « doctrine militaire américaine », et le

1. *Ibid.*, p. 430.

recours décisif à la force dans une guerre dont l'objectif premier ne serait pas la cohésion et la sauvegarde de l'OTAN et de l'Europe ? De fait, le conflit du Kosovo a montré combien il allait être difficile pour les États-Unis et leurs alliés européens de livrer ensemble une autre guerre. Qu'adviendrait-il dans un conflit qui ne serait pas par essence « humanitaire » ? Qu'adviendrait-il si les Américains considéraient que leurs intérêts vitaux étaient directement menacés ? Qu'adviendrait-il s'ils subissaient une terrible attaque sur leur propre territoire et redoutaient d'autres attaques dans l'avenir ? Est-ce que, dans un tel contexte, ils toléreraient de la même manière la lourdeur et la rigidité des processus utilisés par l'OTAN pour la prise de décision et l'organisation des combats ? Seraient-ils prêts à composer avec « l'approche européenne » de la guerre, ou préféreraient-ils « faire cavalier seul ? » La réponse à ces questions est tombée au lendemain du 11 Septembre. Avec près de trois mille morts à New York et un Ousama Ben Laden en liberté sur le sol afghan, les responsables militaires américains et l'administration Bush n'avaient aucun intérêt à passer par l'OTAN. Pour les relations transatlantiques cela était peut-être fâcheux, mais on ne peut guère s'en étonner.

En réalité, dès la fin des années 1990, la disparité des forces a commencé à fragiliser discrètement la relation transatlantique. Les Américains supportaient mal les contraintes imposées par leurs alliés européens qui contribuèrent si peu à l'effort de guerre mais, par leur préoccupation des « problèmes juridiques », entravèrent le bon déroulement des opérations. De leur côté, les Européens n'appréciaient guère la domination des Américains et leur propre dépendance. Les Américains en conclurent, y compris aux échelons les plus élevés de l'administration Clinton, que même avec les meilleures intentions du monde, les opérations multilatérales ne pouvaient aboutir sans une bonne dose d'unilatéralisme de leur part, sans une volonté des États-Unis de faire valoir leur écrasante supériorité pour dominer sur le terrain à la fois diplomatique et militaire lorsque les alliés plus faibles hésitaient. Ainsi, l'administration Clinton qui était arrivée au pouvoir en parlant d'« affirmation du multilatéralisme », a terminé en faisant de l'Amérique la « nation indispensable ».

Beaucoup d'Européens conclurent que le vieux continent devait prendre des mesures pour se libérer au moins partiellement de la tutelle de la puissance américaine qui, après la guerre froide, ne semblait plus nécessaire. Mais il fallait alors se doter d'un certain potentiel militaire autonome. Fin 1998, cette constatation incita même le plus grand ami des États-Unis, Tony Blair, à faire des avances sans précédent à la

France en lui proposant l'aide de la Grande-Bretagne pour débloquer la situation et créer enfin pour l'Union européenne un potentiel de défense commun, indépendant de l'OTAN. Ensemble, Blair et Chirac recueillirent l'adhésion de toute l'Europe pour la création d'une force de soixante mille hommes susceptible d'être déployée loin du continent et maintenue en place pendant une durée allant jusqu'à un an.

Une fois de plus, si cette initiative franco-britannique avait marché, les États-Unis et l'Europe seraient peut-être aujourd'hui en train d'établir une nouvelle relation fondée sur un plus fort potentiel militaire européen et sur une plus grande indépendance vis-à-vis de la puissance américaine. Malheureusement, elle a connu le sort de toutes les autres propositions qui ont été faites pour renforcer la puissance militaire de l'Europe et son autonomie stratégique. En décembre 2001, le ministre des Affaires étrangères belge a demandé que la force militaire européenne soit tout simplement « déclarée opérationnelle sans que cette déclaration se fonde sur un potentiel précis [1] ». De fait, la tentative de création d'une telle force a été jusqu'ici pour les parties concernées une source

---

1. John Vinocur, « On Both War and Peace, the EU Stands Divided », *International Herald Tribune*, 17 décembre 2001.

d'embarras. Aujourd'hui, l'Union européenne n'est pas plus prête à se doter d'une force indépendante, même modeste, qu'elle ne l'était il y a trois ans. Et ce dernier échec pose la question que tant d'Européens et tant de partisans de l'alliance transatlantique aux États-Unis hésitent à poser et à laquelle ils veulent encore moins répondre : pourquoi l'Europe n'a-t-elle pas réalisé la promesse de l'Union européenne en matière de politique étrangère et de défense, ni répondu aux sollicitations de certains de ses principaux dirigeants en créant une force militaire juste suffisante pour rétablir un certain équilibre et ainsi se soustraire, même modérément, à la domination de l'Amérique ?

Le paradis postmoderne

Pour répondre à la dernière question posée, il faut se référer à l'idéologie, aux attitudes européennes non seulement en matière de budget défense mais aussi vis-à-vis de la puissance elle-même. Quel qu'ait été le rôle de la disparité des forces dans l'élaboration des cultures stratégiques respectives des États-Unis et de l'Europe, s'il ne s'agissait que d'un déséquilibre des potentiels militaires, la solution serait assez facile à trouver. Avec une population productive et très instruite de près de quatre cents millions de personnes et une économie de neuf billions de dollars, l'Europe dispose aujourd'hui de la richesse et des capacités technologiques nécessaires pour devenir une puissance mondiale sur le plan militaire, à condition de le vouloir. Elle pourrait aisément dépenser deux fois plus qu'aujourd'hui pour sa défense si elle jugeait utile de le faire[1]. En outre, la réduction de la disparité des forces entre les États-Unis et l'Europe contribuerait sans doute dans une certaine mesure à combler l'écart entre les points de vue stratégiques.

Dans le milieu des stratèges américains, il est courant de déclarer cyniquement que les Européens profitent « sans bourse délier » depuis soixante ans du parapluie sécuritaire américain. Comme l'Amérique est prête à dépenser beaucoup d'argent pour assurer leur protection, ils préfèrent garder leurs deniers pour financer leur système de sécurité sociale, prendre de longues vacances et travailler moins d'heures par semaine. Toutefois, le fossé transatlantique ne se limite pas à une disparité des potentiels militaires et, si l'Europe profite, sans bourse délier, d'une relative sécurité, sa réticence à créer une force militaire ne se borne pas à la satisfaction que lui apporte la garantie américaine actuelle.

---

1. Les Européens soulignent que leurs budgets nationaux présentent certaines caractéristiques structurelles, des contraintes internes qui empêchent toute augmentation importante des dépenses militaires. Toutefois, si l'Europe était menacée par quelque envahisseur, ses responsables politiques prétendraient-ils que les budgets défense ne peuvent pas être augmentés parce qu'il s'agirait d'une violation des termes du pacte de croissance et de stabilité de l'Union ? Si les Allemands se sentaient vraiment menacés, insisteraient-ils pour que leur système de protection sociale ne soit pas modifié ?

Après tout, au XIXe siècle, les États-Unis eux aussi tiraient parti de la suprématie de la marine britannique dans l'Atlantique et dans les Caraïbes. Mais cela ne les empêcha pas de constituer une flotte en temps de paix, dans les années 1880 et 1890, ce qui leur permit de déclarer la guerre à l'Espagne et de la remporter, puis d'acquérir les Philippines et de devenir une puissance mondiale. Les Américains de la fin du XIXe siècle ne se contentèrent pas de la sécurité dont ils jouissaient mais voulurent devenir plus puissants.

Les Européens d'aujourd'hui n'ont pas la même ambition et ne veulent surtout pas devenir plus forts militairement. Au cours des dernières cinquante années, ils ont développé un point de vue tout autre sur le rôle de la puissance dans les relations internationales, une façon de voir qui procède directement de leur parcours historique sans précédent depuis la fin de la Seconde Guerre mondiale. Ils ont abjuré la politique du coup de force qui leur a apporté tant de malheurs au cours du siècle passé et même avant. Il s'agit là d'un point de vue sur la puissance que les Américains ne partagent pas et ne peuvent pas partager, dans la mesure où les épisodes de leur histoire qui les ont façonnés ont été différents.

Considérons à nouveau les traits saillants de la culture stratégique européenne : l'importance accordée à la négociation, à la diplomatie, aux liens commerciaux, la supériorité du droit international sur l'usage de la force, de la séduction sur la coercition, du multilatéralisme sur l'unilatéralisme. Certes, si l'on se réfère à l'Histoire, ces façons d'aborder les relations internationales ne sont pas typiquement européennes mais le produit d'une évolution plus récente. De fait, la culture stratégique européenne moderne constitue un rejet délibéré du passé, un rejet des maux de la *machtpolitik*. Elle est le reflet du désir ardent et compréhensible des Européens de ne jamais renouer avec cette histoire. Qui peut mieux que les Européens connaître les risques engendrés par une politique du coup de force effrénée, par un recours excessif à la force militaire, par des politiques motivées par l'égoïsme national et l'ambition, et même par un équilibre entre pouvoir et *raison d'État*[1] ? Comme l'a déclaré le ministre allemand des Affaires étrangères, Joschka Fischer, dans un discours esquissant sa vision de l'avenir pour l'Europe : « Avant tout, le concept d'Europe après 1945 a été et continue d'être le rejet du principe européen d'équilibre des forces et des ambitions hégémoniques d'États individuels qui sont apparues en 1648, après la signature du traité de Westphalie[2]. » L'Union européenne est elle-même le pro-

1. En français dans le texte. (*N.d.T.*)
2. Discours prononcé par Joschka Fischer à l'université Humboldt de Berlin, le 12 mai 2000.

duit d'un siècle de terribles affrontements militaires sur le continent.

Ce sont, bien sûr, les « ambitions hégémoniques » d'une nation en particulier que l'intégration européenne était censée contenir. En outre, ce sont l'intégration et l'apprivoisement de l'Allemagne qui constituent la grande réussite de cette entreprise – et peut-être, d'un point de vue historique, le plus grand exploit jamais réalisé en matière de politique internationale. Certains Européens évoquent, comme Fischer, le rôle central que jouèrent les États-Unis dans la résolution du « problème allemand ». Plus rares sont ceux qui rappellent que la destruction militaire de l'Allemagne nazie était un préalable à l'établissement de la paix en Europe qui a suivi. La plupart des Européens préfèrent considérer que c'est la mutation de leur âme et de leur esprit qui a rendu possible ce « nouvel ordre ». Ainsi, après avoir inventé la politique du coup de force, ils sont devenus idéalistes par un acte de volonté, laissant derrière eux ce que Fischer a appelé le « vieux système de l'équilibre avec son orientation nationaliste permanente, les contraintes de la coalition, la politique traditionnelle fondée sur l'intérêt et le danger constant des idéologies et des affrontements nationalistes ».

Fischer se situe presque à une extrémité du spectre de l'idéalisme européen. Mais il ne s'agit pas vraiment d'un problème droite-gauche.

L'argument principal qu'il avance – à savoir que l'Europe a renoncé au vieux système de la politique du coup de force et en a découvert un nouveau pour préserver la paix dans les relations internationales – trouve un large écho sur tout le continent. Comme l'a déclaré Robert Cooper, diplomate britannique de haut rang en poste à l'UE, l'Europe vit aujourd'hui dans un « système postmoderne » qui ne repose pas sur l'équilibre de la force mais sur le « rejet de la force » et sur des « règles de conduite librement choisies ». Dans le « monde postmoderne, écrit Cooper, la *raison d'État*[1] et l'amoralisme des théories de Machiavel sur l'art de gouverner... ont été remplacés par la conscience morale » dans les affaires internationales[2].

Les réalistes américains se gausseront peut-être de cet idéalisme. Hans Morgenthau et George F. Kennan supposaient que seuls des Américains naïfs pouvaient succomber à ce type de fantasmes « wilsoniens » légalistes et moralisateurs, pas les Machiavels européens aguerris et pétris d'histoire. Mais, en réalité, qu'est-ce qui interdit aux Européens d'avoir une vision idéaliste des affaires internationales, du moins telles qu'elles sont menées dans le « système postmoderne » en place sur le continent ? À l'in-

1. En français dans le texte. (*N.d.T.*)
2. Robert Cooper, *The Observer*, 7 avril 2002.

térieur de ses frontières, les vieilles lois qui avaient cours dans ce domaine ont été abrogées, et les Européens ont élaboré leur nouvel ordre, affranchis des règles et même de l'esprit de la politique du coup de force. Ils ont abandonné le monde anarchique de Hobbes pour entrer dans l'univers kantien de la paix éternelle.

En fait, ce sont les États-Unis qui ont résolu pour eux le paradoxe de Kant. Selon ce dernier, le seul moyen de mettre fin aux abominations immorales du monde hobbésien consistait à créer un gouvernement mondial. Mais, dans le même temps, Kant redoutait que l'« état de paix universelle » rendu possible par un gouvernement mondial ne constituât une menace encore plus grande pour la liberté de l'homme que l'ordre international hobbésien, dans la mesure où, détenant le monopole du pouvoir, une telle instance deviendrait « le plus terrible des despotismes [1] ». Comment faire pour que les nations instaurent la paix éternelle sans détruire la liberté de l'homme ? C'est là un problème que Kant n'a pas su résoudre. Mais pour l'Europe, ce sont les États-Unis qui ont fourni la solution : en garantissant de l'extérieur la sécurité, ils ont dispensé son gouvernement supranational de le

1. Voir Thomas L. Pangle et Peter J. Ahrensdorf, *Justice among Nations : On the Moral Basis of Power and Peace*, Lawrence, KS, 1999, p. 200-201.

faire. Ainsi, les Européens n'ont pas eu besoin de la puissance pour instaurer la paix, pas plus qu'ils n'en ont besoin pour la préserver.

Depuis la fin de la Seconde Guerre mondiale, pendant plus de cinq décennies, la vie sur le vieux continent a été régie non plus par les lois brutales de la politique du coup de force mais par la concrétisation d'un fantasme géopolitique, par un miracle de l'histoire du monde : le lion germain s'est couché près de l'agneau français. Le conflit qui ravagea l'Europe depuis l'engendrement violent de l'Allemagne au XIXe siècle a rendu l'âme. Les moyens qui ont permis la réalisation de ce miracle sont l'objet en Europe d'un véritable culte, surtout depuis la fin de la guerre froide. Diplomatie, négociations, patience, création de liens économiques, engagement politique, recours aux incitations plutôt qu'aux sanctions, au compromis plutôt qu'à la confrontation, politique des petits pas, modération des appétits dans la course à la réussite – tels ont été les outils du rapprochement franco-allemand et, par conséquent, ceux qui ont rendu possible l'intégration européenne. La France, en particulier, a fait un saut dans l'inconnu en proposant de partager sa souveraineté économique puis politique avec son ennemi de toujours, considérant qu'il s'agissait là du meilleur moyen de prévenir des conflits ultérieurs. À son tour, l'Allemagne a renoncé à sa grande puissance au sein de l'Europe en vue de faciliter sa réintégration.

L'intégration de l'Europe ne devait pas se fonder sur la dissuasion militaire ni sur l'équilibre des forces. Au contraire, si le miracle s'est produit, c'est grâce au rejet de la puissance militaire et de son opportunité comme instrument dans les affaires internationales – au moins à l'intérieur de ses frontières. Durant la guerre froide, rares étaient les Européens qui ne croyaient pas à la nécessité de cette puissance pour dissuader l'Union soviétique. Mais, avec la suppression de cette menace externe, la fin du conflit a permis au nouvel ordre européen et à son nouvel idéalisme de s'épanouir pleinement et de donner un magnifique projet pour l'ordre mondial. Affranchis des contraintes d'une quelconque dissuasion militaire, interne ou externe, les Européens se sont encore plus persuadés que leur manière de régler les problèmes internationaux avait désormais une portée universelle. L'importance et la pertinence à leurs yeux d'organisations sécuritaires telles que l'OTAN devaient alors diminuer dans les mêmes proportions.

« Le génie des Pères fondateurs, a expliqué le président de la Commission européenne Romano Prodi, a consisté à traduire des ambitions politiques très élevées... en une série de décisions plus spécifiques, presque techniques. C'est cette approche indirecte qui a permis d'aller plus loin. Peu à peu, le rapprochement s'est installé et, de l'affrontement, nous sommes passés au désir de coopérer dans la sphère économique et ensuite à l'intégration [1]. » Voilà ce que les Européens pensent pouvoir offrir au monde : non pas la puissance elle-même, mais sa sublimation. L'« essence » de l'Union européenne, déclare Everts, consiste « avant tout à soumettre les relations interétatiques à l'autorité de la loi », et l'expérience européenne d'une gouvernance multilatérale réussie a engendré, à son tour, le désir de convertir le monde [2]. L'Europe « a un rôle à jouer en matière de “gouvernance” mondiale », déclare Prodi, un rôle fondé sur la reproduction de l'expérience européenne à l'échelle du globe. En Europe, « l'autorité de la loi a remplacé le jeu brutal de la force... la politique du coup de force a perdu son influence ». De surcroît, par « la réussite de l'intégration, nous apportons la preuve au monde entier qu'il est possible de créer une méthode pour parvenir à la paix ».

Certes, il y a des Britanniques, des Français, des Allemands et d'autres encore qui ne manqueront pas de sourciller face à l'exubérance d'un tel idéalisme. Mais nombreux sont les Européens, y

1. Discours prononcé par Romano Prodi à l'Institut d'études politiques de Paris, le 29 mai 2001.

2. Steven Everts, doc. cit., p. 10.

compris dans les hautes sphères, qui appliquent couramment l'expérience de l'UE au reste du monde, et parfois avec le zèle évangélique des convertis. En Europe, la critique générale de l'attitude préconisée par l'Amérique à l'endroit des régimes « voyous » se fonde sur cette intuition particulière. Irak, Corée du Nord, Iran, Libye – tous ces États sont peut-être dangereux, déplaisants, et même, si les Américains simplistes y tiennent, incarnent le mal. Mais l'Allemagne aussi, en son temps, a incarné le « mal ». Une « approche indirecte » ne permettrait-elle pas à nouveau, comme en Europe, de résoudre le problème ? Ne serait-il pas possible, une fois de plus, de passer de la confrontation au rapprochement en commençant par une coopération dans le domaine économique pour passer ensuite à une intégration pacifique ? La formule qui a marché en Europe ne pourrait-elle pas servir encore pour l'Iran ? N'aurait-elle pas pu même servir pour l'Irak ? Beaucoup d'Européens répondent par l'affirmative et pensent que cette solution serait moins coûteuse et moins risquée que la guerre. En outre, l'Europe pourrait enseigner sa recette également aux Israéliens et aux Palestiniens car, après tout, comme le souligne le commissaire de l'UE Chris Patten, « l'intégration européenne montre que le compromis et la réconciliation sont possibles après des siècles de préjugés, de guerres et de souffrance[1] ». La transmission du miracle européen au reste du monde est devenue la nouvelle *mission civilisatrice*[2] du vieux continent. De même que les Américains ont toujours été persuadés d'avoir découvert le secret du bonheur et ont voulu l'exporter au reste du monde, de même les Européens se voient aujourd'hui investis d'une nouvelle mission née de leur propre découverte de la paix éternelle.

Ainsi, nous arrivons à ce qui est peut-être le principal motif de divergence entre les points de vue américain et européen. La puissance de l'Amérique et sa détermination à exercer cette puissance – unilatéralement s'il le faut – constituent une menace pour ce nouveau message dont l'Europe se sent porteuse. C'est peut-être même le plus grand danger. Une chose est certaine, même si les dirigeants américains ont du mal à le croire : responsables et hommes politiques européens se sont en fait plus inquiétés de la façon dont les États-Unis allaient gérer ou mal gérer le problème irakien – en se livrant à une action militaire unilatérale et illégale – qu'ils ne se sont souciés de l'Irak lui-même et des armes de destruction massive de Saddam Hussein. Et

1. Chris Patten, « From Europe with Support », *Yediot Aharonot*, 28 octobre 2002.
2. En français dans le texte. (*N.d.T.*)

s'il est vrai qu'ils ont toujours craint qu'une telle action ne déstabilise le Moyen-Orient et n'entraîne inutilement des pertes en vies humaines, ils ont toujours eu un souci plus profond [1]. Même réussie, une telle action, de la part des États-Unis, constitue une atteinte à l'essence de l'Europe « postmoderne ». C'est une atteinte aux nouveaux idéaux de l'Europe, la négation de leur validité universelle, tout comme ses monarchies aux XVIIIe et XIXe siècles étaient une atteinte aux idéaux républicains du nouvel État. Les Américains devraient être les premiers à comprendre que la menace pesant sur des convictions peut être aussi terrifiante que celle concernant la sécurité des personnes.

Comme les Américains l'ont fait pendant deux siècles, les Européens parlent avec une grande assurance de la supériorité de leur compréhension du monde, de la sagesse qu'ils ont à offrir aux autres nations pour résoudre les conflits, et

---

1. L'argument classique américain selon lequel la politique européenne envers l'Irak et l'Iran est dictée par des considérations financières n'est qu'en partie justifié. Les Européens sont-ils plus intéressés que les Américains ? Les sociétés américaines n'influencent-elles pas la politique des États-Unis en Asie et en Amérique latine ainsi qu'au Moyen-Orient ? La différence est que les prises de position stratégiques américaines sont parfois en contradiction avec les intérêts financiers et l'emportent sur ces derniers. Pour les motifs indiqués dans cet essai, ce type de conflit est beaucoup moins fréquent en Europe.

de leur façon de régler les problèmes internationaux. Mais, comme ce fut le cas durant la première décennie de la république américaine, on décèle une pointe d'insécurité dans la manière dont les Européens proclament leur « réussite », un besoin manifeste de voir les autres nations reconnaître cette réussite et accepter leurs idées, en particulier les États-Unis. Après tout, nier la validité du nouvel idéalisme européen revient à mettre sérieusement en question la viabilité du projet européen. Si les problèmes internationaux ne peuvent en fait être résolus à l'européenne, cela ne signifie-t-il pas que l'Europe elle-même risque à terme de ne pas avoir de solution, avec toutes les affres que cela suppose ? C'est l'une des raisons pour lesquelles les Européens ont été aussi intraitables sur le maintien de la compétence universelle du Tribunal pénal international. Quand les États-Unis exigent l'immunité, un traitement de faveur pour les puissants, cela revient à saper le principe même que les Européens tentent d'imposer, à savoir que toutes les nations, fortes ou faibles, sont égales devant la loi et que toutes ont pour obligation de la respecter. Si ce principe peut être bafoué, et ce par la superpuissance bienveillante, alors qu'adviendra-t-il de l'Union européenne dont l'existence même dépend du respect par tous des lois qui la régissent ? Si le droit international ne règne pas en maître, l'Europe retombera-t-elle inéluctablement dans les horreurs du passé ?

C'est bien sûr la crainte d'une rechute qui hante les Européens, au moment même où leur union va de l'avant. Les Européens, en particulier les Français et les Allemands, ne sont pas tout à fait sûrs que le problème autrefois qualifié de « problème allemand » ait été vraiment résolu. À la fin de la guerre froide, ni la France de François Mitterrand ni l'Angleterre de Margaret Thatcher ne se sont réjouies de la perspective d'une réunification allemande. Il a fallu que l'Amérique les cajole et les rassure, tout comme les dirigeants français et britanniques l'avaient été quatre décennies auparavant pour qu'ils acceptent la réintégration de l'Allemagne. Comme le montrent les diverses propositions souvent très différentes qui ont été avancées pour la future Constitution de l'Europe, les Français ne sont pas encore sûrs de pouvoir se fier aux Allemands, et les Allemands ne sont pas sûrs de pouvoir se fier à eux-mêmes. Presque six décennies après la fin de la Seconde Guerre mondiale, un responsable français peut encore déclarer : « Les gens disent : “C'est terrible que l'Allemagne ne fonctionne pas.” À quoi je rétorque : “Ah bon ? Quand l'Allemagne fonctionne, en général on la retrouve six mois plus tard défilant sur les

Champs-Élysées."[1] » Derrière de telles plaisanteries se cache une inquiétude réelle et persistante au sujet d'une Allemagne qui est encore trop grande pour le continent européen. L'été dernier, quand le chancelier allemand Gerhard Schroeder a défié l'appel lancé par l'administration Bush à l'Europe pour qu'elle se range à ses côtés dans la crise irakienne, son insistance à dire qu'il fallait traiter ce genre de problème suivant la « manière allemande » a peut-être encore plus perturbé ses voisins européens que les États-Unis eux-mêmes. Paradoxalement, même le pacifisme et le neutralisme allemands effraient encore les Européens quand un dirigeant de ce pays évoque « la manière allemande ».

De telles craintes peuvent parfois constituer un frein à l'intégration, mais elles ont également servi de moteur au projet européen malgré des obstacles innombrables. L'intégration européenne est propulsée vers l'avant en partie par les craintes que les Allemands nourrissent sur eux-mêmes. Il faut que le projet européen réussisse, prévient Joschka Fischer, car il n'est pas d'autre moyen de vaincre « les risques et les tentations découlant objectivement des dimensions

1. Voir Gerard Baker, « Europe's Three Ways of Dealing with Iraq », *Financial Times*, 17 octobre 2002, p. 17.

de l'Allemagne et de sa position centrale[1] ». Ces « tentations » allemandes sont présentes dans l'esprit de plus d'un Européen. Et chaque fois que l'Europe envisage le recours à la force, ou se trouve contrainte de le faire par les États-Unis, on ne peut s'empêcher au moins fugitivement de songer à l'effet qu'une telle action militaire risque d'avoir sur la « question allemande », question qui ne semble jamais complètement s'effacer.

Ce n'est donc sans doute pas un simple hasard si les avancées fabuleuses de l'intégration européenne au cours de ces dernières années se sont accompagnées non pas de l'émergence d'une superpuissance européenne mais d'une diminution de son potentiel militaire par rapport aux États-Unis. La transformation de l'Europe en une superpuissance mondiale capable de rivaliser avec l'Amérique a peut-être été à l'origine l'un des arguments de vente de l'Union européenne : une politique européenne étrangère et de défense indépendante devait constituer l'une des retombées les plus importantes de l'intégration. Mais, en vérité, l'ambition de l'Europe d'accéder à la « puissance » n'est-elle pas d'une certaine manière un anachronisme ? C'est un réflexe ancestral, incompatible avec les idéaux de

1. Discours de Joschka Fischer à l'université Humboldt, le 12 mai 2000.

l'Europe postmoderne dont l'existence même dépend du renoncement à la politique du coup de force. Quel qu'ait pu être le dessein de ses architectes, l'intégration européenne a, au bout du compte, contrecarré la puissance militaire européenne et, de fait, tout rôle mondial significatif pour le vieux continent.

Ce phénomène s'est traduit non seulement par la stagnation ou la baisse des budgets défense mais aussi d'autres manières, et a même affecté la politique de « conciliation ». Les dirigeants européens parlent du rôle essentiel de leur continent dans le monde. Prodi souhaite que « l'on entende notre voix, que l'on tienne compte de notre action[1] ». Et il est vrai que les Européens consacrent beaucoup d'argent à l'aide internationale – plus par tête, aiment-ils à souligner, que ne le font les États-Unis. Ils s'engagent dans des missions militaires à l'étranger, tant que celles-ci se limitent pour l'essentiel au maintien de la paix. Mais si, périodiquement, l'UE trempe le petit doigt dans les eaux internationales agitées du Moyen-Orient ou de la péninsule coréenne, il faut dire que sa politique étrangère est probablement la plus anémique de toutes les retombées de l'intégration. Comme l'a relevé un observateur bienveillant, peu de dirigeants européens

1. Discours de Romano Prodi à l'Institut d'études politiques de Paris, 29 mai 2001.

« lui consacrent beaucoup de temps ou d'énergie[1] ». Les initiatives de l'UE dans ce domaine sont en général éphémères et rarement soutenues par un accord ferme entre les divers pays européens. C'est l'une des raisons pour lesquelles elles sont si facilement repoussées. Au Moyen-Orient où les Européens consacrent tant d'argent au financement de projets palestiniens et arabes, c'est encore vers les États-Unis et non vers l'Europe qu'Arabes et Israéliens se tournent pour réclamer soutien, assistance et une résolution viable de leur conflit. Ainsi, toute la puissance économique du vieux continent ne semble pas aller de pair avec son influence diplomatique, au Moyen-Orient ou en quelque autre endroit où les crises ont une dimension militaire[2].

En outre, il est manifeste que les problèmes extérieurs au continent ne retiennent pas autant l'attention des Européens que ceux qui les touchent de près. Cela a surpris et contrarié les Américains, quelle que soit leur place sur l'échiquier politique et stratégique. Souvenons-nous de la profonde déception des « libéraux » devant

1. Charles Grant, « A European View of ESDP », document de travail du Centre for European Policy Studies, avril 2001.

2. Comme le fait observer Grant *in* « European Defence », p. 2 : « Une UE moins démunie sur le plan militaire aurait plus de poids diplomatique. »

l'absence de véritable riposte des Européens quand Bush s'est retiré du traité sur les missiles antibalistiques. De même, parmi les élites ou les simples électeurs, presque personne en Europe ne se souciait le moins du monde de l'Irak avant que l'administration Bush ne menace de l'envahir.

Toutefois, cette tendance européenne au nombrilisme est compréhensible si l'on considère l'énormité du programme d'intégration et les difficultés qu'il pose. L'élargissement de l'Union européenne à plus de vingt-quatre États membres, la révision des politiques économiques et agricoles, la question du conflit entre souveraineté nationale et gouvernance supranationale, le problème du prétendu déficit démocratique, la concurrence à laquelle se livrent les grands pays européens, le mécontentement des petits, la création d'une nouvelle Constitution européenne – tout cela représente des défis importants et qu'on ne peut éluder. Les difficultés pour aller de l'avant pourraient paraître insurmontables si le projet de l'intégration européenne n'avait déjà démontré sa vitalité.

Les politiques américaines qui ont été sur le fond mal accueillies – système de défense contre les missiles et traité sur les missiles antibalistiques, belligérance à l'égard de l'Irak, soutien d'Israël – l'ont été d'autant plus que, pour l'Europe, elles constituent une diversion par rapport aux problèmes qui la concernent vraiment : à savoir les questions sur elle-même. Les Européens soulignent volontiers l'attitude insulaire et l'esprit de clocher des Américains, alors qu'eux-mêmes sont devenus extrêmement narcissiques. Comme l'a souligné Dominique Moisi, la campagne présidentielle de l'an dernier en France n'a « fait aucune place... aux événements du 11 Septembre et à leurs conséquences incalculables ». Personne n'a demandé : « Quel devrait être le rôle de la France et de l'Europe dans la nouvelle configuration des forces apparue au lendemain du 11 Septembre ? Comment la France devrait-elle réévaluer son budget et sa doctrine militaire pour prendre en compte la nécessité de maintenir une certaine parité entre l'Europe et les États-Unis ou, au moins, entre elle-même et le Royaume-Uni ? » Comme l'a démontré le score élevé de Jean-Marie Le Pen, le conflit du Moyen-Orient n'a constitué l'un des enjeux de la campagne que parce que le pays compte une importante communauté arabo-musulmane. Mais Le Pen n'est pas un faucon en matière de politique étrangère. Ainsi que l'a remarqué Moisi : « Pour la plupart des électeurs français... la sécurité n'a rien à voir avec une géopolitique abstraite et lointaine. La seule chose qui importe à leurs yeux est de savoir quel homme politique est le plus à même de les protéger contre le crime et la violence qui sévissent dans les rues et les faubourgs de leurs villes[1]. »

L'Europe peut-elle changer de cap et assumer un rôle plus important sur la scène mondiale ? Nombreux sont ses dirigeants qui l'ont poussée dans cette voie. La faiblesse aujourd'hui de sa politique étrangère ne prouve pas nécessairement que celle-ci sera faible demain, comme le montre la capacité qu'elle a manifestée dans le passé à surmonter d'autres insuffisances. Pourtant, la volonté politique d'exiger plus de pouvoir pour l'Europe semble faire défaut, pour la très bonne raison que l'Europe ne voit pas pour elle de mission requérant qu'elle soit forte. Sa mission, si tant est qu'elle en ait une hors de ses frontières, est de s'opposer à la force. Il est révélateur de constater que l'argument le plus souvent avancé par les Européens en faveur d'un accroissement de leur potentiel militaire n'est pas qu'il permettra au vieux continent d'étendre son champ stratégique ni même son influence dans le monde. Son seul objet est de freiner et de « multilatéraliser » les États-Unis. « L'Amérique, déclare le chercheur britannique proaméricain Timothy Garton Ash, a trop de pouvoir pour le bien d'autrui, ou même pour son propre bien[2]. » Par conséquent, l'Europe doit accroître sa puis-

1. Dominique Moisi, *Financial Times*, 11 mars 2002.
2. Timothy Garton Ash, *New York Times*, 9 avril 2002.

sance dans le seul but de sauver le monde et les États-Unis des dangers inhérents à la situation bancale que nous connaissons aujourd'hui.

Qu'elle soit noble ou non, cette mission particulière ne semble guère devoir réveiller les enthousiasmes des Européens. Jusqu'à présent, seules la France et la Grande-Bretagne ont répondu ne serait-ce que marginalement à ce défi. Mais l'augmentation du budget défense proposée par la France se révélera, comme la *force de frappe*[1], plus symbolique que réelle. Après avoir un jour déploré l'*hyperpuissance*[2] américaine, l'ancien ministre des Affaires étrangères français, Hubert Védrine, a cessé de parler du besoin de faire contrepoids aux États-Unis. Désormais, il hausse les épaules et déclare qu'il n'y a « aucune raison pour les Européens d'entrer en concurrence avec un pays qui peut livrer quatre guerres en même temps[3] ». Dans les années 1990, l'Europe a voulu tenter de porter l'ensemble de ses dépenses militaires de 150 à 180 milliards de dollars par an quand les États-Unis dépensaient de leur côté 280 milliards de dollars. Mais aujourd'hui, alors que l'Amérique s'apprête à investir jusqu'à 400 milliards de

1. En français dans le texte. (*N.d.T.*)
2. En français dans le texte. (*N.d.T.*)
3. Cité *in* David Ignatius, « France's Constructive Critic », *Washington Post*, 22 février 2002.

dollars par an, ou peut-être même plus dans un proche avenir, elle n'a pas la moindre intention de suivre. Ainsi, la France peut bien augmenter son budget défense de 6 %, sous l'impulsion gaullienne du président Chirac. Le Royaume-Uni peut bien s'engager encore plus à renforcer et moderniser ses forces armées, poussé par Tony Blair à tenter de ressusciter, quoique à une échelle beaucoup plus réduite, l'ancienne tradition britannique de l'impérialisme libéral. Mais qu'est-ce que l'« Europe » sans l'Allemagne ? Or les budgets défense allemands, qui représentent aujourd'hui à peu près le même pourcentage du produit intérieur brut qu'au Luxembourg, sont appelés à baisser encore plus au cours des années à venir car l'économie du pays est aux prises avec un système d'emploi et de protection sociale asphyxiant. Les analystes européens ont beau déplorer l'« inutilité stratégique » du continent, le secrétaire général de l'OTAN George Robertson a beau traiter l'Europe de « pygmée militaire » dans un noble effort pour l'inciter à dépenser davantage et à meilleur escient, qui peut vraiment croire que les Européens changeront leur fusil d'épaule quand ils ont de bonnes raisons de s'en tenir au statu quo ?

Le monde que l'Amérique a créé

S'ils déplorent cette situation, les Américains doivent se souvenir que l'Europe actuelle – à la fois l'Europe intégrée et l'Europe faible – est en grande partie la résultante de leur propre politique étrangère depuis près d'un siècle. Après la Première Guerre mondiale, les États-Unis abandonnèrent l'Europe à son sort, se tenant à l'écart tandis que le continent s'enfonçait dans une guerre encore plus horrible que la précédente. À la fin de ce deuxième conflit, la première réaction de l'Amérique fut à nouveau de prendre ses distances. Alors que les combats faisaient rage, Franklin Delano Roosevelt avait d'abord songé à dépouiller l'Europe de toute valeur stratégique [1].

---

1. Selon les termes de l'historien John Lamberton Harper, il voulait « réduire dans des proportions radicales le poids de l'Europe » et ainsi provoquer « le retrait de l'Europe de la scène politique mondiale ». John Lamberton Harper, *American Visions of Europe : Franklin D. Roosevelt, George F. Kennan, and Dean G. Acheson*, Cambridge, G.-B., 1996, p. 79, 3.

À la fin des années 1930 et même durant la guerre, la plupart des Américains estimaient que « le système européen était pourri jusqu'à la moelle, que la guerre sur le continent était un phénomène endémique, et que les Européens n'avaient à s'en prendre qu'à eux-mêmes pour leurs malheurs[1] ». L'Europe ne semblait bonne qu'à fomenter des guerres qui coûtaient cher à l'Amérique.

Durant la Seconde Guerre mondiale, regardant en arrière plutôt qu'en avant, des Américains comme Roosevelt estimèrent que le meilleur service qu'on pût rendre à l'Europe était de l'exclure une fois pour toutes de la scène stratégique mondiale. De fait, Roosevelt préférait traiter avec la Russie de Staline. « Une fois l'Allemagne désarmée, demanda ostensiblement Roosevelt, pourquoi la France devrait-elle conserver un appareil militaire important ? » Charles de Gaulle trouva ces questions « dérangeantes pour l'Europe et pour la France », et ce à juste titre. Les Américains de cette époque avaient une ancienne vision de l'Europe qu'ils imaginaient décadente et corrompue. En raison de sa faiblesse et de sa dépendance, elle leur inspirait aussi un certain mépris. Si les puissances du vieux continent se voyaient privées de leur

1. William L. Langer et S. Everett Gleason, *The Challenge to Isolation, 1937-1940*, New York, 1952, p. 14.

influence mondiale sur les plans économique et militaire par les ravages du conflit, beaucoup d'Américains n'étaient que trop heureux d'accélérer le processus. Comme le déclara Roosevelt : « Une fois que nous aurons gagné la guerre, je ferai tout ce qui est en mon pouvoir pour que les États-Unis ne se laissent pas entraîner à accepter n'importe quel plan de nature à favoriser les ambitions impérialistes de la France ou à faciliter ou encourager les ambitions impériales de l'Empire britannique[1]. »

Quand la guerre froide se profila à l'horizon, des Américains tels que Dean Acheson nourrirent l'espoir de faire de l'Europe un partenaire puissant face à l'Union soviétique, et la plupart de ceux qui ont eu vingt ans à cette époque ont toujours imaginé l'Europe presque exclusivement en ces termes – comme le bastion essentiel de la liberté dans le combat contre la tyrannie soviétique. Mais une hostilité soupçonneuse à son égard a toujours caractérisé la politique étrangère américaine, même au cours de la guerre froide. La crise de Suez en 1956, durant laquelle Eisenhower sapa l'entreprise de la France et de l'Angleterre et leur infligea une humiliation, n'est que l'exemple le plus specta-

1. Cité *in* Selig Adler, *The Isolationist Impulse, Its Twentieth-Century Reaction*, New York, 1957, p. 142 ; Henry Kissinger, *op. cit.*, p. 396.

culaire de nombreuses tentatives américaines pour rabaisser l'Europe et réduire son influence mondiale déjà très entamée.

Quoi qu'il en soit, la menace croissante de l'Union soviétique devait surtout contraindre les Américains à réviser leur conception de la sécurité européenne, et par conséquent leurs rapports avec les Européens. Au bout du compte, leur contribution à l'isolement actuel de l'Europe dans le monde fut motivée par des sentiments non pas anti mais essentiellement proeuropéens. C'est leur engagement envers l'Europe, et non une quelconque hostilité à son endroit, qui conduisit les États-Unis, tout de suite après la guerre, à stationner des troupes sur le continent et à créer l'OTAN. La présence de forces militaires américaines pour garantir la sécurité de l'Europe fut, comme cela était prévu, le facteur clé pour la mise en route du processus d'intégration européenne, le but étant qu'un « Occident » soudé fût assez fort matériellement et spirituellement pour résister au danger redoutable d'une possible et difficile confrontation avec l'Union soviétique.

L'évolution de l'Europe jusqu'à son statut actuel se déroula sous la protection de la garantie sécuritaire des États-Unis et n'aurait pu s'effectuer sans elle. En effet, durant près d'un demi-siècle, les États-Unis servirent de bouclier contre des menaces externes comme l'Union soviétique ou des menaces internes comme les conflits ethniques susceptibles d'éclater dans des endroits tels que les Balkans. Mais surtout, ils jouèrent un rôle clé dans la résolution du « problème allemand » et continuent peut-être encore de le faire. Dans son discours à l'université Humboldt de Berlin, Fischer a rappelé deux « décisions historiques » qui rendirent possible la nouvelle Europe : « la décision des États-Unis de rester sur le continent » et « l'acceptation par la France et l'Allemagne du principe d'intégration, avec pour point de départ l'établissement de liens économiques ». Mais, naturellement, la seconde n'aurait jamais pu survenir sans la première. L'acceptation par la France du risque que constituait la réintégration de l'Allemagne dans l'Europe – et son scepticisme à cet égard était pour le moins énorme – dépendit de la promesse américaine d'une présence continue en Europe pour prévenir toute résurgence du militarisme allemand. Au lendemain de la guerre, les Allemands savaient aussi fort bien que leur propre avenir en Europe dépendait de la présence apaisante des forces américaines.

La situation présente abonde en paradoxes. Le rejet par l'Europe de la politique du coup de force et sa dévalorisation de la force militaire comme instrument dans les relations internationales ont dépendu de la présence des troupes américaines sur son sol. Le nouvel ordre kantien qui y règne n'a pu se développer que sous le parapluie de la puissance américaine exercée selon les règles du vieil ordre fixé par Hobbes. C'est la puissance américaine qui a permis aux Européens de penser que la force ne compte plus. Et maintenant, ironie suprême, le fait que la puissance militaire des États-Unis a résolu le problème européen, en particulier le « problème allemand », autorise les Européens, et notamment les Allemands, à considérer que cette puissance militaire et la « culture stratégique » qui l'a créée et sous-tendue sont dépassées et dangereuses.

La plupart des Européens ne voient pas ou ne veulent pas voir ce grand paradoxe : s'ils sont passés dans la « post-Histoire », c'est parce que les États-Unis eux-mêmes n'ont pas sauté le pas. N'ayant ni la volonté ni la capacité de protéger son propre paradis et de prévenir son envahissement, au plan tant spirituel que physique, par un monde qui n'a pas encore adhéré au principe de la « conscience morale », l'Europe dépend du bon vouloir de l'Amérique et de sa force militaire qui peut seule dissuader ou vaincre à travers le monde ceux qui croient encore à la politique du coup de force.

Certains Européens comprennent fort bien ce mystère, et surtout, on ne s'en étonnera pas, les Britanniques. Robert Cooper déclare que le moment est venu de regarder la réalité en face :

bien que « dans le monde postmoderne [c'est-à-dire l'Europe d'aujourd'hui], il n'y ait point de menace sécuritaire au sens traditionnel du terme », il n'en reste pas moins que, dans le reste du monde – ce que Cooper appelle les « zones modernes et prémodernes » –, les menaces sont légion. S'il n'assure pas sa propre protection, le monde postmoderne risque d'être détruit. Mais comment l'Europe pourra-t-elle se protéger sans renoncer à ces mêmes principes et à ces idéaux qui sous-tendent son système pacifique ?

« Le défi lancé au monde postmoderne, déclare Cooper, consiste à accepter l'idée d'une double norme. » Entre eux, les Européens peuvent « fonctionner sur la base de lois et d'une sécurité fondées sur une coopération ouverte ». Mais dans les rapports avec le reste du monde, « nous devons revenir aux méthodes plus rudes d'une époque antérieure – la force, l'attaque préventive, la ruse, tout ce qui peut servir ». Voici le principe qu'énonce Cooper pour sauvegarder la société : « Entre nous, nous observons la loi mais, quand nous opérons dans la jungle, nous devons aussi recourir aux lois de la jungle. » Cooper adresse ces propos à l'Europe et les accompagne d'un appel aux Européens pour qu'ils cessent de négliger leurs défenses, à la fois « physiques et psychologiques »[1].

1. Robert Cooper, art. cit.

Cooper a été aussi un proche conseiller de Tony Blair et il est manifeste que ce dernier a, peut-être beaucoup plus que ses collègues du parti travailliste, adopté l'idée d'une double norme internationale pour la force. Il a essayé d'introduire la Grande-Bretagne dans le monde kantien, fondé sur des règles, de l'Union européenne. Mais, comme l'a montré sa solidarité avec le président Bush sur la question irakienne, il a également tenté de ramener l'Europe vers le monde de Hobbes où la puissance militaire reste un aspect primordial des relations internationales.

Toutefois, la tentative de Blair pour entraîner l'Europe derrière lui a largement échoué. Schroeder a mené son pays « à l'allemande », et la France, sous le gaullisme encore plus conservateur de Jacques Chirac, a été le partenaire le plus récalcitrant des États-Unis, s'attachant plus à contenir la puissance américaine qu'à la renforcer.

Il semble donc que la description de Cooper concerne moins l'avenir de l'Europe que le présent de l'Amérique. En effet, ce sont les États-Unis qui ont eu la tâche difficile de naviguer entre ces deux mondes, essayant à la fois de respecter, défendre et promouvoir les lois de la société civilisée moderne tout en recourant, dans le même temps, à la force militaire contre ceux qui refusent de se plier à ces règles. Les États-

Unis fonctionnent déjà selon la double norme de Cooper, et pour les raisons qu'il énonce. En effet, les dirigeants américains eux aussi estiment que la sécurité du monde et un ordre libéral – ainsi que le paradis « postmoderne » européen – ne pourront guère se maintenir longtemps si les États-Unis ne font pas usage de leur force dans le dangereux monde hobbésien qui sévit toujours hors d'Europe.

Cela signifie que, si les États-Unis ont joué un rôle décisif pour l'entrée de l'Europe dans ce paradis kantien, et s'ils jouent encore un rôle déterminant pour que ce paradis soit possible, ils ne peuvent pas eux-mêmes y pénétrer. Ils gardent les murailles mais ne peuvent en franchir le seuil. Malgré son énorme puissance, l'Amérique reste donc prisonnière de l'Histoire, condamnée à s'occuper des Saddam et des ayatollahs, des Kim Jong-Il et des Jiang Zemin, en laissant à d'autres presque tous les avantages.

L'« Ouest » existe-t-il toujours ?

Si l'évolution de ce dispositif mondial incite de plus en plus les États-Unis à l'unilatéralisme dans les affaires internationales, aucun observateur lucide ne pourra s'en étonner. En échange de la garde des murailles de l'ordre postmoderne européen, ils demandent naturellement une certaine liberté de mouvement pour s'occuper des dangers stratégiques qu'eux seuls ont les moyens, et parfois la volonté, de combattre. C'est bien sûr la grande pomme de discorde entre l'Europe et eux. En effet, juste au moment où, libérés des peurs et des contraintes de la guerre froide, les Européens commençaient à prendre possession de leur paradis postmoderne et à prêcher leur doctrine sur le droit international et les institutions internationales, les Américains ont pris la direction inverse. Ils se sont détournés de la solidarité qui les liait à l'Europe et qui avait constitué la pièce maîtresse de la guerre froide pour revenir à une politique d'indépendance plus traditionnelle, à cette forme exclusivement américaine de nationalisme universaliste.

La fin de la guerre froide eut sur la relation transatlantique un effet encore plus profond qu'on ne le croit en général. En effet, après 1989, l'ennemi commun soviétique et la nécessité qui s'ensuivait d'agir de concert pour assurer la défense commune ne furent pas les seules choses à disparaître. Le même sort advint à la grande stratégie suivie de part et d'autre de l'Atlantique pour préserver et renforcer la cohésion et l'unité de ce qu'on appelait l'« Ouest ». Cela ne signifiait pas uniquement que les États-Unis et l'Europe avaient dû unir leurs efforts pour relever le défi soviétique. Au-delà, le maintien de l'unité et de la réussite de l'ordre libéral occidental constitua pendant de nombreuses années la définition même de la victoire dans la guerre froide.

C'est en partie pour ce motif que la stratégie américaine durant ce conflit consista souvent à offrir aux alliés et aux amis plus que ce qui était attendu en retour. Les gouvernements américains ont, dans une très large mesure, évalué la réussite de leur politique étrangère non pas en fonction de la situation du pays et selon une conception étroite de l'intérêt national mais plutôt en considérant le sort de leurs alliés face aux nombreux dangers internes et externes qui les menaçaient. Ainsi, la stratégie économique américaine consista à relever des ruines de la

Seconde Guerre mondiale de puissants concurrents économiques en Europe et en Asie, au point que, durant les dernières décennies de la guerre froide, plusieurs estimèrent que les États-Unis connaissaient un déclin relatif en comparaison de leurs alliés chaque jour plus prospères. De même, la stratégie militaire américaine consista à risquer une attaque nucléaire sur le territoire national, pourtant à l'abri des menaces, afin de décourager toute attaque à la fois nucléaire et conventionnelle contre les alliés européens et asiatiques. Quand on pense à l'absence dans le passé de garanties aussi fiables entre les divers pays d'Europe, entre par exemple la France et l'Angleterre dans les années 1920 et 1930, la détermination des États-Unis, qui vivaient dans une sécurité relative entre deux océans, à lier leur propre survie à celle d'autres nations paraît assez extraordinaire.

La « générosité », si l'on peut dire, économique et stratégique des États-Unis était bien sûr directement liée aux intérêts du pays. Comme l'a déclaré Acheson : « Pour l'Amérique, prendre des mesures afin de renforcer des pays vivant sous la menace de l'agression soviétique ou de la subversion communiste... revenait à protéger sa propre sécurité, à protéger la liberté elle-même[1]. » Toutefois, cette identification de

1. Cité *in* Henry Kissinger, *op. cit.*, p. 452.

ses propres intérêts aux intérêts d'autrui constitua un trait frappant de la politique étrangère et de défense américaine au lendemain de la Seconde Guerre mondiale. Après Munich, après Pearl Harbor et après le déclenchement de la guerre froide, les Américains devinrent de plus en plus convaincus que leur propre bien-être dépendait fondamentalement du bien-être des autres, que la prospérité américaine ne pouvait survenir en l'absence de prospérité dans le monde, qu'il ne pouvait y avoir de sécurité nationale américaine si la sécurité internationale n'était pas dans une large mesure assurée. Il s'agissait là de la doctrine de l'intérêt personnel, mais du type le plus éclairé d'intérêt personnel – au point qu'il était parfois quasiment impossible de le distinguer de l'idéalisme.

Quasiment, mais pas tout à fait. L'idéalisme ne fut jamais la seule motivation de la générosité de l'Amérique ni de sa propension à vouloir rechercher le concours de ses alliés. Au temps de la guerre froide, le multilatéralisme américain procéda plus de l'intérêt que de l'idéalisme. Après tout, « faire cavalier seul » après 1945, cela voulait dire combattre seul l'Union soviétique. Cela voulait dire aussi provoquer l'éclatement du camp occidental. Par ailleurs, avec des troupes soviétiques massées au cœur de l'Europe, une politique étrangère américaine quelle qu'elle soit se devait, pour réussir, d'être « multilatérale » par sa prise en compte des intérêts de l'Europe de l'Ouest. Mais, pour la plupart des Américains, le vrai multilatéralisme idéaliste avait disparu avec Wilson et le pacte de la Société des nations. Dean Acheson qui fut, au lendemain de la guerre, l'un des principaux architectes du nouvel ordre international, considérait que la charte de l'ONU était « irréaliste » et que les Nations unies elles-mêmes étaient un exemple de l'illusion wilsonienne sur « la perfectibilité de l'homme et l'avènement d'une paix et d'une loi universelles [1] ». Lui-même et la plupart des autres présents lors de la création du nouvel ordre après la guerre étaient des idéalistes, mais des idéalistes qui avaient les pieds sur terre. Ils estimaient qu'il était essentiel d'opposer un front occidental uni au bloc communiste, et si, pour cela, il fallait gober ce qu'Acheson appelait avec mépris le « credo » de la charte des Nations unies, ils étaient prêts à jouer le jeu. Pour Acheson, le soutien de l'ONU n'était rien d'autre qu' « une aide à la diplomatie [2] ». Il est important de le noter car de nombreux aspects du comportement américain durant la guerre froide, que les Européens et beaucoup d'Américains trouvent rétrospectivement si admirables et dont ils déplorent la dis-

---

1. Cité *in* James Chace, *Acheson : The Secretary of State Who Created the American World*, New York, 1998, p. 107.
2. *Ibid.*, p. 108.

parition, n'étaient que des concessions faites pour sauvegarder l'unité de l'Occident.

Cette unité ne fut pas toujours facile à préserver. L'hostilité de l'Amérique envers la volonté d'indépendance du général de Gaulle, sa méfiance à l'égard de l'impérialisme britannique, les dissensions au sujet de l'*Ostpolitik* allemande, les affrontements stratégiques sur les accords d'armement et sur la constitution de stocks d'armes, en particulier durant la présidence de Ronald Reagan, tout cela risquait d'ouvrir des brèches dans l'alliance. Mais on remédia toujours à la situation car chacun reconnaissait que, si les désaccords étaient inévitables, les fissures, elles, étaient dangereuses. Une fois divisé, l'« Ouest » s'écroulerait. Le danger était non seulement stratégique mais aussi idéologique et même psychologique. L'« Ouest », cela devait signifier quelque chose, sinon, que cherchions-nous à défendre ? Et, bien sûr, durant la guerre froide, l'« Ouest » voulait dire beaucoup. C'était le choix démocratique, libéral, d'un large segment de l'humanité, opposé à l'alternative offerte de l'autre côté du mur de Berlin.

Ce puissant besoin stratégique, idéologique et psychologique de démontrer qu'il existait véritablement un Ouest unifié et soudé disparut en même temps que le mur de Berlin et les statues de Lénine des rues de Moscou. Durant les années 1990, ce vide fut en partie masqué. Beaucoup voyaient alors les luttes en Bosnie et au Kosovo comme un nouveau test pour l'Occident. L'élargissement de l'OTAN avec l'admission d'anciens pays du Pacte de Varsovie permit d'intégrer des peuples qui, chassés de l'Ouest par la contrainte, voulaient à nouveau en faire partie. Pour eux, l'OTAN n'était pas seulement, ni même avant tout, une organisation sécuritaire, mais, tout simplement, la seule et unique institution qui incarnait l'Ouest transatlantique. À l'évidence, les Nations unies n'étaient pas l'« Ouest ».

Cependant, la réussite même du projet transatlantique, la résolution du dilemme sécuritaire européen, la résolution du problème allemand, la constitution d'une Europe « unique et libre », le règlement des conflits des Balkans, la création d'une zone assez stable de paix et de démocratie sur le continent européen, toutes ces grandes réalisations jadis impensables eurent inévitablement pour effet d'amoindrir l'importance de l'« Ouest ». Non pas qu'il eût cessé d'exister ou qu'il eût cessé d'avoir des ennemis, car les intégristes musulmans lui vouent sans nul doute une haine implacable. Toutefois, la thèse centrale du célèbre essai de Francis Fukuyama, *La Fin de l'Histoire,* reste irréfutable : le combat séculaire entre plusieurs conceptions rivales sur la façon de gouverner le monde s'est définitivement soldé par le triomphe de l'idéal libéral occidental. Certes, l'intégrisme musulman a des partisans dans les régions du globe à majorité musulmane, et nous ne pouvons plus douter de sa capacité à infliger de terribles dommages à l'Occident. Cependant, comme l'ont souligné Fukuyama et d'autres, cet intégrisme ne constitue pas une menace sérieuse pour les principes universels du libéralisme occidental. Son existence contraindra peut-être Américains et Européens à se défendre contre des attaques dévastatrices et même à coopérer en vue de constituer une défense commune, mais elle n'obligera pas l'« Ouest » à affirmer son unité et sa cohésion comme l'a fait jadis le communisme soviétique.

La nécessité de préserver l'existence d'un « Occident » soudé et d'en démontrer la cohésion étant moindre, il était inévitable de voir diminuer, à l'issue de la guerre froide, la générosité qui avait caractérisé la politique étrangère américaine pendant cinquante ans. On peut certes le déplorer mais on ne peut s'en étonner. L'existence de l'Union soviétique et la menace du communisme international avaient discipliné les Américains et les avaient amenés à considérer que leur intérêt personnel bien pensé résidait dans une politique étrangère relativement généreuse, notamment avec l'Europe. Après la fin de la guerre froide, cette discipline disparut, et l'achèvement du conflit modifia l'ancienne équation entre idéalisme et intérêt. En réalité, ceux qui dénoncent le déclin de la générosité américaine au lendemain de la guerre froide devraient au moins tenir compte de la logique de l'affaire. Étant donné que les Américains avaient objectivement un moins grand intérêt à pratiquer une politique étrangère généreuse, il aurait fallu, pour que le pays maintienne le même degré de générosité dans ce domaine qu'au temps de la guerre froide, le même engagement à l'égard des institutions internationales, le même souci des alliés et la même déférence à leur égard, que la nation devînt encore plus idéaliste.

De fait, les Américains ne sont ni plus ni moins idéalistes qu'il y a cinquante ans. C'est la réalité objective qui a changé, et non leur caractère. Après la guerre froide, l'évolution de la conjoncture internationale a ouvert la voie au Congrès à de nouvelles forces politiques, surtout républicaines mais pas exclusivement, qui voulaient réviser les anciens accords multilatéraux et bloquer les nouveaux, afin de soustraire le pays à des obligations jugées désormais onéreuses ou contraires à sa souveraineté. L'existence de ces forces et de ces attitudes n'était pas nouvelle car elles avaient toujours été présentes dans le paysage politique américain. Elles étaient même majoritaires durant les années 1920 et 1930, période inaugurée par un président républicain qui avait promis un « retour à la normale » après l'idéalisme ambitieux des années Wilson. Mais, pendant la guerre froide, et surtout durant les présidences républicaines de Nixon et de Reagan, la grande stratégie anticommuniste avait étouffé des sentiments aussi étroitement nationalistes ainsi que les préoccupations en matière de souveraineté.

Le choix d'une politique étrangère plus nationaliste au lendemain de la guerre froide n'est pas non plus lié à la seule ascension d'une droite républicaine. Les théoriciens des relations internationales et les dirigeants d'obédience réaliste, force intellectuelle dominante dans les milieux où s'élabore la politique étrangère américaine, ont aussi œuvré pour ramener les États-Unis dans le sillon d'un nationalisme plus étroit. Ils ont dénoncé l'« action sociale internationale » – selon l'expression célèbre de Michael Mandelbaum – que l'administration Clinton aurait entreprise en Bosnie et en Haïti. Ils ont pressé les États-Unis d'effectuer un recentrage plus strict sur l'« intérêt national », défini à présent plus étroitement qu'au temps de la guerre froide. De Ben Scowcroft à Colin Powell en passant par James Baker et Lawrence Eagleburger, les réalistes américains ont alors estimé que les États-Unis ne devaient pas se charger de résoudre la crise des Balkans ou d'autres crises « humanitaires » à travers le monde. La guerre froide est terminée, disaient-ils, et il est par conséquent possible d'envisager pour la politique étrangère américaine un « retour à la normale ».

L'un des aspects de cette « normalité » rétablie au lendemain de la guerre froide a consisté, cependant, à faire moins de concessions à l'opinion publique internationale, à montrer moins de déférence aux alliés, à agir plus volontiers comme les États-Unis le jugeaient bon. Ces réalistes ont donné une légitimité intellectuelle aux forces du Congrès qui associaient le discours sur l'« intérêt national » aux appels à la réduction des engagements étrangers de toutes sortes. S'il fallait s'en tenir à la conception étroite de l'« intérêt national », demandaient beaucoup de républicains, pourquoi, au juste, fallait-il continuer de verser une contribution comparativement exorbitante aux Nations unies ? La thèse qu'il avait été facile d'imposer quand la préservation de l'unité occidentale contre le communisme était l'objectif de la politique étrangère américaine passait désormais plus difficilement, faute d'une définition aussi large et aussi éclairée de l'« intérêt national » américain.

Bien qu'elle fût plus idéaliste et, paradoxalement, plus attachée à la politique étrangère généreuse de la guerre froide que les réalistes et les républicains, l'administration Clinton elle-même n'a pas échappé pour autant à la nouvelle réalité de l'après-guerre froide. N'oublions pas que Clinton s'est présenté à l'élection présidentielle de 1992 en déclarant dans son programme que ce qui comptait, c'était la politique économique, pas la politique étrangère. Et s'il entreprit de rafistoler l'« Ouest », c'est seulement après avoir tenté de toutes ses forces d'échapper à cette responsabilité. Quand l'administration de George W. Bush entra en fonction en janvier 2001 avec, dans ses bagages, le nationalisme réaliste républicain des années 1990, l'« Ouest » en tant que concept opératoire de la politique étrangère américaine était déjà en sommeil. Et quand, huit mois plus tard, les terroristes frappèrent les États-Unis, l'équation de la guerre froide se trouva complètement inversée. Désormais, c'est le territoire américain qui était directement touché alors que celui des alliés était épargné. L'essentiel était donc la souffrance et la vulnérabilité sans précédent de l'Amérique, et non plus l'« Ouest ».

Cependant, le déclin de l'Occident en tant que principe d'organisation de la politique étrangère n'a pas été un phénomène exclusivement américain. L'Europe de l'après-guerre froide a elle aussi reconnu que l'essentiel n'était plus l'« Ouest ». Pour les Européens, l'essentiel était désormais l'« Europe ». Prouver l'existence d'une Europe unie importait plus que prouver l'existence d'un Ouest uni. Un « nationalisme » européen fit pendant au nationalisme américain et, bien que l'Europe ne l'ait pas voulu ainsi, le fossé actuel entre elle et les États-Unis est dû en partie à la décision qu'elle a prise de se constituer face à eux en entité unique.

Une telle initiative a convaincu les Américains que l'objectif transatlantique n'était plus un Occident unifié, les Européens eux-mêmes ne raisonnant plus en ces termes. Désormais, les Européens parlaient de l'« Europe » comme d'un autre pôle dans un nouveau monde multipolaire, d'un contrepoids à l'Amérique. Le vieux continent voulait avoir sa propre politique étrangère séparée et sa propre « identité » en matière de défense, hors de l'OTAN. Les institutions que les Européens révéraient étaient l'UE et les Nations unies. Mais, pour les Américains comme pour les habitants d'Europe centrale et orientale, l'ONU n'était pas l'« Ouest » et, à coup sûr, l'Union européenne ne l'était pas non plus. Seul l'OTAN était l'« Ouest », et maintenant les Européens étaient en train de créer une alternative à cette organisation. Tout ce qu'ils faisaient avait une signification à leurs yeux ; objectivement, le projet d'intégration européenne était avantageux pour les États-Unis, au moins dans la mesure où il consolidait la paix. Il n'était pas non plus dans l'intention de la plupart des Européens de s'opposer aux États-Unis, et encore moins à l'idée de l'Ouest. Mais comment se faisait-il que les Américains aient renoncé à privilégier l'unité de l'Occident et la cohésion de l'alliance comme ils l'avaient fait auparavant ? Les Européens ont entrepris un projet très absorbant dans lequel, par définition, les États-Unis ne pouvaient pas avoir de part. Entre-temps, ce pays s'est lui aussi trouvé d'autres horizons.

L'adaptation à l'hégémonie

L'Amérique n'a pas changé le 11 Septembre. Elle est simplement devenue davantage elle-même. Il ne faut pas non plus se leurrer sur la trajectoire qu'elle suit et qu'elle a suivie non seulement depuis l'année passée ou depuis la dernière décennie mais aussi depuis la majeure partie des soixante dernières années, et même, peut-on dire, depuis près de quatre siècles. Il est manifeste que, même avant de se constituer en nation indépendante, les Américains ont étendu toujours plus loin leur pouvoir et leur influence. L'hégémonie que l'Amérique a établie au XIXe siècle dans l'hémisphère occidental a constitué depuis lors un trait permanent de la politique internationale. Étendue à l'Europe et à l'Asie de l'Est lors de la Seconde Guerre mondiale, sa portée stratégique n'a jamais reflué. De fait, il est remarquable de constater que, plus de cinquante ans après la fin de ce conflit – période durant laquelle les ennemis nippons et allemands sont devenus des amis et des alliés précieux –, et plus d'une décennie après la fin de la guerre froide qui s'acheva par une autre mutation stupéfiante de l'ennemi vaincu, les États-Unis restent néanmoins, et veulent manifestement rester, la première force stratégique en Asie de l'Est et en Europe. La fin de la guerre froide a été considérée par les Américains comme une occasion non pas de restreindre mais d'étendre leur influence, d'étendre l'alliance qu'ils dirigent vers l'est en direction de la Russie, de renforcer leurs contacts avec les États de plus en plus démocratiques de l'Asie de l'Est, d'investir dans des régions du monde telles que l'Asie centrale dont la plupart des Américains ignoraient jusque-là l'existence.

Le mythe de l'« isolationnisme » américain a la vie dure. Mais ce n'est qu'un mythe. Force est de constater que l'histoire de l'Amérique tout entière est caractérisée par une extension territoriale et un accroissement de l'influence qui n'ont pas été fortuits. Le désir de jouer un rôle majeur sur la scène mondiale est profondément ancré dans le tempérament américain. Depuis l'indépendance et même avant, les Américains qui ne s'entendaient pas sur de nombreux sujets ont toujours partagé le sentiment que leur nation était promise à un grand destin. Même lorsqu'ils ne formaient qu'un ensemble fragile de colonies vaguement associées, égrenées le long de la côte atlantique, menacées de tous côtés par les empires européens et par une nature sauvage, les États-Unis étaient déjà considérés par leurs chefs comme un « Hercule au berceau », l'« embryon d'un grand empire ». Pour la génération des premières années de la république, pour Washington, Hamilton, Franklin et Jefferson, il ne faisait aucun doute que le continent nord-américain serait conquis, que la richesse et la population du pays augmenteraient, que la jeune république en viendrait un jour à dominer l'hémisphère occidental et figurerait parmi les grandes puissances mondiales. Jefferson prédit l'établissement d'un immense « empire de la liberté ». Hamilton considéra que « avant longtemps, [l'Amérique] aurait une position en accord avec son grand destin – majestueuse, efficace et porteuse de grands projets. Une noble carrière l'attend[1] ».

Pour ces premières générations d'Américains, la promesse de la grandeur nationale n'était pas simplement un espoir réconfortant : elle faisait partie intégrante de l'identité du pays et était inextricablement liée à son idéologie. Pour elles et pour beaucoup d'autres qui ont suivi, les États-Unis devaient devenir une grande puissance, peut-être la plus grande de toutes, parce que les principes et les idéaux sur lesquels ils

1. Cité *in* Gerald Stourzh, *op. cit.*, p. 195.

étaient fondés étaient incontestablement les meilleurs – supérieurs non seulement à ceux des monarchies européennes corrompues des XVIIIe et XIXe siècles mais aussi aux idées qui avaient forgé nations et gouvernements tout au long de l'histoire de l'humanité. La preuve de la transcendance de l'expérience américaine devait apparaître non seulement dans le perfectionnement continu des institutions américaines au sein du pays, mais aussi dans la diffusion de l'influence américaine à travers le monde. Les Américains ont toujours été par conséquent des partisans de l'internationalisme, mais leur internationalisme a toujours été un dérivé de leur nationalisme. Quand ils veulent légitimer leurs actions à l'étranger, ils ne s'adressent pas à une instance supranationale mais se réfèrent à leurs propres principes. C'est pourquoi il a toujours été si facile pour tant d'Américains de croire, comme beaucoup le font encore aujourd'hui, qu'en servant leurs propres intérêts, ils servent les intérêts de l'humanité. Comme l'a déclaré Benjamin Franklin : « La cause [de l'Amérique] est la cause de toute l'humanité [1]. »

On peut saluer, tourner en ridicule ou déplorer l'idée que les Américains se font depuis toujours

1. Cité *in* Edward Handler, *America and Europe in the Political Thought of John Adams*, Cambridge, MA, 1964, p. 102.

de la place exceptionnelle de leur pays dans l'Histoire ou la conviction que leurs propres intérêts et ceux du monde ne font qu'un, mais on ne peut les mettre en doute. Et de même qu'il n'y a pas lieu d'attendre que l'Europe change fondamentalement de trajectoire, il ne faut guère penser que l'Amérique changera la sienne ou commencera à se conduire dans le monde d'une manière tout à fait différente. En l'absence d'une catastrophe imprévue – pas un revers en Irak ou « un autre Vietnam », mais une calamité militaire et économique telle que les sources même de la puissance américaine se trouvent anéanties –, il est raisonnable de penser que nous venons de pénétrer dans une longue ère d'hégémonie américaine. Les courbes démographiques montrent que la population américaine est en train de croître plus vite et de rajeunir alors que la population européenne diminue et vieillit régulièrement. Selon *The Economist*, si les tendances actuelles se poursuivent, l'économie américaine, qui est aujourd'hui à peu près de la même importance que l'économie européenne, pourrait bien lui être deux fois supérieure d'ici 2050. Aujourd'hui, l'âge moyen des Américains est de 35,5 ans ; en Europe il est de 37,7. En 2050, il passera en Amérique à 36,2, alors qu'en Europe, si la tendance se poursuit, il atteindra 52,7. Cela signifie, entre autres, que la charge financière du soin des personnes âgées dépendantes sera beaucoup plus élevée en Europe qu'aux États-Unis. Et cela veut dire aussi que les Européens auront moins d'argent à consacrer à la défense dans les années et les décennies à venir qu'ils n'en ont aujourd'hui. Comme le fait observer *The Economist*, « il semble que la logique à long terme de la démographie renforcera la puissance de l'Amérique et creusera le fossé existant entre les deux bords de l'Atlantique », créant un « contraste [sinistre] entre une Amérique jeune, exubérante, multiraciale, et une Europe vieillissante, décrépite, repliée sur elle-même »[1].

Si la puissance relative de l'Amérique ne diminue pas, il est fort peu probable que les Américains changent d'avis sur l'usage à faire de cette puissance. De fait, malgré toutes les mutations géopolitiques gigantesques qui se sont produites depuis 1941, on enregistre peu de variations dans l'idée qu'ils se font de la nature des problèmes mondiaux et de la façon dont s'y prend le pays pour façonner le monde de manière à servir ses intérêts et ses idéaux. Le document de base de la guerre froide, le « Long télégramme » de Kennan, expose crûment l'orientation dominante de la culture stratégique américaine au lendemain de la guerre : l'Union soviétique,

---

1. *The Economist*, « Half a billion Americans ? », 22 août 2002.

déclara Kennan, était « imperméable à la logique de la raison », mais serait « très sensible à la logique de la force »[1]. Un bon démocrate de gauche comme Clark Clifford reconnut que le « langage de la force militaire » était le seul que les Soviétiques comprenaient, et que l'Empire soviétique devait être considéré comme « une entité distincte avec laquelle le conflit n'est pas inéluctable mais avec laquelle nous ne pourrons pas poursuivre d'objectifs communs »[2]. Peu d'Américains s'exprimeraient de nos jours aussi brutalement, mais beaucoup approuveraient ce type de propos. L'an dernier, de larges majorités de démocrates et de républicains des deux Chambres du Congrès sont tombées d'accord pour dire que le « langage de la force militaire » est peut-être le seul que Saddam Hussein puisse comprendre.

Cela ne veut pas dire que les Américains n'aient jamais flirté avec le type d'idéalisme internationaliste qui règne actuellement en Europe. Durant la première moitié du XXe siècle, ils livrèrent, à l'appel de Wilson, la « guerre destinée à mettre fin à toutes les guerres » et, dix ans plus tard, un secrétaire d'État américain parapha un traité bannissant la guerre. Durant les années 1930, Roosevelt crut aux pactes de non-

1. Cité *in* James Chace, *op. cit.*, p. 150.
2. *Ibid.*, p. 157.

agression et se contenta de demander à Hitler de s'engager à ne pas attaquer un certain nombre de pays dont il lui avait soumis la liste. Même après la conférence de Yalta en 1945, un Roosevelt mourant proclama la « fin du système d'actions unilatérales, des alliances exclusives, des sphères d'influence, de l'équilibre des forces », et promit à leur place une « organisation universelle où toutes les nations éprises de paix pourront enfin adhérer à... une structure de paix permanente »[1]. Mais Roosevelt ne croyait plus tout à fait à une telle possibilité. Après Munich et Pearl Harbor, et ensuite, mis à part un bref renouveau de l'idéalisme, après le basculement dans la guerre froide, la « logique de la force » de Kennan devint le principe opérationnel de la stratégie américaine. Acheson parla de créer des « situations de force » dans le monde entier. La « leçon de Munich » en vint à dominer la réflexion stratégique américaine et, même si elle fut supplantée durant une courte période par la « leçon du Vietnam », demeure aujourd'hui le paradigme dominant. Si un petit segment de l'élite américaine rêve toujours d'une « gouvernance mondiale » et rejette l'action militaire, tous, de Madeleine Albright à Donald Rumsfeld, de Brent Scowcroft à Anthony Lake, se souviennent encore, au sens symbolique sinon littéral,

1. Cité *in* Henry Kissinger, *op. cit.*, p. 416.

de Munich. Et pour les générations plus jeunes qui n'ont connu ni Munich ni Pearl Harbor, il y a désormais le 11 Septembre. L'un des points sur lesquels Européens et Américains sont aujourd'hui le plus nettement en désaccord, sur le plan philosophique voire métaphysique, concerne la position exacte de l'humanité dans le continuum entre lois de la jungle et lois de la raison. Les Américains ne pensent pas que nous soyons aussi près de la réalisation du rêve kantien que le croient les Européens.

Et maintenant que faire ? Une fois de plus, il n'est pas difficile de comprendre où va l'Amérique. Les attaques du 11 Septembre ont modifié et accéléré son orientation mais elles ne l'ont pas radicalement bouleversée. En tout cas, elles n'ont pas changé l'attitude américaine vis-à-vis de la puissance mais n'ont fait que la renforcer. Souvenons-nous que, même avant le 11 Septembre, les successeurs d'Acheson étaient encore, quoique un peu nonchalamment, en train de créer des « situations de force » dans le monde. Avant le 11 Septembre et, de fait, avant même l'élection de George W. Bush, les spécialistes de la réflexion stratégique américains et les planificateurs du Pentagone étaient tournés vers les prochains défis stratégiques probables, l'un d'eux étant précisément l'Irak. Durant la présidence de Clinton, le Congrès avait voté presque à l'unanimité un texte soutenu à la fois par les républicains et par les démocrates, autorisant l'octroi d'un soutien militaire et financier aux forces d'opposition irakiennes. Ensuite, des plans pour une déstabilisation du régime irakien furent sérieusement examinés par la deuxième administration Bush avant que les terroristes passent à l'acte le 11 Septembre. L'administration Clinton a également jeté les bases d'un nouveau système de défense contre les missiles devant permettre au pays de se prémunir contre des États « voyous » tels que l'Irak, l'Iran et la Corée du Nord. Si Al Gore avait été élu, et s'il n'y avait pas eu d'attaque terroriste le 11 Septembre, ces programmes visant directement « l'axe du mal », tel que le définit Bush, seraient toujours en chantier.

Avant le 11 Septembre, les Américains, loin de diminuer leur puissance militaire, l'augmentaient. Durant la campagne présidentielle 2000, Bush et Gore promirent tous deux d'accroître le budget défense, non pas en réaction à un quelconque danger particulier mais simplement parce que tout le monde s'accordait à dire que le budget en question, voisin à l'époque de 300 milliards de dollars par an, était insuffisant pour satisfaire les exigences stratégiques du pays. À l'intérieur comme à l'extérieur du Pentagone, les dirigeants civils et militaires étaient absolument persuadés qu'il fallait moderniser les forces américaines, tirer parti de ce qui était et qui est toujours considéré comme la « révolution du domaine militaire », révolution de nature à modifier, dans son essence même, la conduite de la guerre. Mais cet enthousiasme cachait une véritable inquiétude : on craignait en effet que, si les États-Unis n'investissaient pas comme il le fallait dans l'innovation technologique, leurs forces, leur sécurité et la sécurité du monde se trouvent par la suite compromises.

Avant le 11 Septembre, les stratèges américains avaient commencé à focaliser leur attention sur la Chine. Peu d'entre eux croyaient alors à la probabilité d'une guerre contre ce pays dans un avenir proche – sauf en cas de crise au sujet de Taiwan –, mais beaucoup pensaient qu'une confrontation avec la Chine serait sans doute inévitable au cours des deux prochaines décennies, à cause du développement de son potentiel militaire et de ses ambitions géopolitiques. Cette préoccupation fut l'un des moteurs de la demande concernant la rénovation technologique des forces militaires américaines. Elle fut, discrètement, l'un des motifs invoqués pour réclamer un nouveau programme de défense contre les missiles et, plus largement, constituait déjà l'un des principes d'organisation de la planification stratégique américaine. L'idée que la Chine serait le prochain grand enjeu stratégique s'imposa au Pentagone au temps de Clinton et fut proclamée officiellement par le président

Bush quand il déclara avec insistance, avant et après son élection, que la Chine n'était pas un partenaire mais un rival stratégique des États-Unis.

Quand l'administration Bush dévoila, en septembre dernier, sa « Nouvelle stratégie en matière de sécurité nationale », les ambitions affichées laissèrent beaucoup d'Européens et même quelques Américains sans voix. Cette nouvelle stratégie fut considérée comme une réponse aux attentats du 11 Septembre, et peut-être l'était-elle dans l'esprit de ses concepteurs. Mais le plus frappant dans ce document est que, en dehors de quelques références à l'idée de « droit d'attaque préventive » qui n'est guère en soi un concept nouveau, la « nouvelle » stratégie de l'administration Bush n'est qu'une réaffirmation de politiques américaines dont certaines remontent à un demi-siècle. La stratégie de Bush ne dit rien sur la promotion de la démocratie à l'étranger qui n'ait déjà été exprimé avec une ferveur au moins égale par Harry Truman, John F. Kennedy ou Ronald Reagan. La déclaration par l'Amérique de son intention de rester la première puissance militaire au monde, et de rester assez forte pour dissuader tout autre pays de contester sa supériorité, est simplement l'expression avouée de ce qui était un principe tacite de la planification stratégique de l'Amérique, sinon de son budget défense et de son potentiel militaire, depuis la fin de la guerre froide.

Bien ou mal conçues, les politiques des administrations Clinton et Bush sont fondées sur un présupposé commun et typiquement américain, à savoir que les États-Unis sont la « nation indispensable ». Les Américains veulent défendre et promouvoir un ordre international libéral. Mais le seul ordre stable et réussi de ce type qu'ils puissent concevoir est celui ayant pour centre les États-Unis. Ils ne peuvent pas non plus imaginer un ordre international qui ne soit défendu par la force et, plus particulièrement, par la puissance de l'Amérique. Si cela s'appelle l'arrogance, tout ce que l'on peut dire est que le phénomène n'est pas nouveau. Un jour, Henry Kissinger demanda au vieil Harry Truman quelle trace il voulait laisser dans l'Histoire. À quoi Truman répondit : « Nous avons battu nos ennemis à plate couture et nous les avons contraints à se rendre. Puis nous les avons aidés à se relever, à embrasser la démocratie et à rejoindre la communauté des nations. Seule l'Amérique était capable de faire cela[1]. » Même les réalistes américains les plus insensibles sont touchés par les propos de Reinhold Niebuhr qui parla un jour de « la responsabilité » de l'Amérique dans la « résolution... du problème mondial ». Quand il exposa

1. Henry Kissinger, *op. cit.*, p. 425.

sa doctrine de l'endiguement, George Kennan savait qu'il était très difficile pour une démocratie de proposer une telle stratégie. Néanmoins, il considéra ce défi comme un « test de la valeur générale des États-Unis en tant que nation parmi les nations ». Il alla même jusqu'à suggérer que les Américains devaient exprimer leur « gratitude à une Providence qui, en [leur] présentant ce défi implacable, a fait dépendre toute leur sécurité en tant que nation de leur détermination et de leur acceptation des responsabilités du leadership moral et politique dont l'Histoire voulait tout simplement les charger »[1].

Les Américains sont idéalistes. Pour certaines choses, ils le sont peut-être plus que les Européens. Mais ils n'ont jamais appris à promouvoir avec succès des idéaux sans recours à la force. Certes, ils n'ont jamais fait l'expérience d'une gouvernance supranationale réussie, ont peu de raisons de faire confiance au droit international ou aux institutions internationales, même s'ils le voulaient. Enfin, ils ont encore moins de raisons de tourner le dos, comme les Européens, à la force. En dignes héritiers du siècle des Lumières, les Américains croient toujours en la perfectibilité de l'homme et conservent l'espoir que le monde lui aussi est perfectible. Mais ils demeu-

1. X [George F. Kennan], « The Sources of Soviet Conduct », p. 169.

rent réalistes au sens où ils croient toujours à la nécessité de la puissance dans un monde qui est loin d'être parfait. La loi permettant de régir le comportement international existe parce qu'un pays comme les États-Unis assure sa défense par la force des armes. En d'autres termes, tout comme les Européens le prétendent, les Américains se prennent encore parfois pour des héros de western – pour Gary Cooper dans *Le train sifflera trois fois*. Ils sont prêts à défendre les gens de la bourgade, que ces gens le veuillent ou pas.

De nos jours, en raison des attaques terroristes du 11 Septembre, les États-Unis sont amenés une fois de plus à étendre leurs ambitions stratégiques. Dans le passé, l'attaque de Pearl Harbor par les Japonais, qui n'aurait pas dû causer une telle surprise, eut pour effet un engagement américain durable en Europe et en Asie. À présent, il y a tout lieu de penser que le 11 Septembre, dont les historiens à venir feront sans doute la conséquence inévitable de la présence américaine dans le monde musulman, conduira les Américains à s'installer pour longtemps dans le golfe Persique et en Asie centrale, et débouchera peut-être sur une occupation à long terme de l'un des plus grands pays arabes. Les Américains peuvent être surpris de se retrouver dans une telle situation, tout comme leurs prédécesseurs des années 1930 ont pu être stupéfaits de se retrouver, moins d'une décennie plus tard, puissance occupante en Allemagne et au Japon. Mais, replacé dans le vaste déroulement de l'histoire américaine, histoire marquée par l'expansion régulière du pays et par une ascension apparemment inéluctable – d'une périlleuse fragilité à l'hégémonie mondiale actuelle –, ce dernier développement du rôle stratégique de l'Amérique est peut-être moins surprenant.

Quelle est l'incidence de tout cela sur la relation transatlantique ? L'Europe peut-elle vraiment emboîter le pas à l'Amérique ? Si elle ne peut le faire, la chose porte-t-elle à conséquence ?

Une réponse à ces questions est que la crise actuelle au sujet de l'Irak a fait éclater au grand jour les dissensions entre les deux blocs. Quand cette crise s'apaisera, ce qui est inéluctable, les antagonismes au sujet de la force se calmeront aussi un peu. La culture politique commune et les liens économiques qui lient Américains et Européens reprendront le dessus, et ce jusqu'à l'éclatement de la prochaine crise stratégique internationale. Mais peut-être cette crise ne mettra-t-elle pas au jour les désaccords transatlantiques de façon aussi spectaculaire que la crise actuelle sur l'Irak et le Moyen-Orient en général – région où les deux parties ont de gros intérêts et où leurs divergences se sont révélées particulièrement profondes. La prochaine crise surviendra peut-être en Asie de l'Est. Mais l'Europe est éloignée de cette région, elle y a moins d'intérêts et disposera d'encore moins de ressources qu'au Moyen-Orient pour peser dans la balance, de sorte que son influence sur la planification stratégique américaine sera, elle aussi, plus faible : il est probable qu'une crise asiatique ne débouchera pas sur un autre affrontement transatlantique de même ampleur que celui que nous connaissons.

En résumé, même s'il est difficile d'imaginer ce qui pourrait rapprocher deux visions du monde aussi opposées, l'écart sera peut-être plus facile à gérer qu'on ne le croit aujourd'hui. Il n'y a aucune raison de prévoir un « choc des civilisations » au sein de ce qui s'appelait jadis l'« Ouest ». Pour les uns comme pour les autres, la tâche consiste à s'adapter à la nouvelle réalité que constitue l'hégémonie américaine. Et peut-être, comme aiment à le dire les psychiatres, le premier pas pour régler un problème est-il de comprendre la situation et d'accepter son existence.

Une chose est certaine : quand ils pensent à l'Europe, les Américains ne doivent pas perdre de vue l'essentiel, à savoir que l'Europe est véritablement un beau miracle dont il faut se féliciter des deux côtés de l'Atlantique. Pour les Européens, c'est la réalisation d'un long rêve improbable : un continent libéré des luttes nationalistes et des affrontements sanglants, de la rivalité militaire et des courses aux armements.

La guerre entre les grands pays européens est désormais presque inimaginable. Après des siècles de malheur, non seulement pour ses habitants mais aussi pour tous ceux qui ont été entraînés dans ses conflits – comme le furent deux fois les Américains au cours du siècle passé –, la nouvelle Europe est devenue un vrai paradis. Elle est un trésor qui doit être chéri et protégé, surtout par les Américains qui ont versé leur sang sur son sol et qui le verseraient encore si la nouvelle Europe venait à faillir. Cela ne veut pas dire cependant que les États-Unis peuvent ou doivent compter sur l'Europe à l'avenir comme ils l'ont fait dans le passé. Les Américains ne doivent pas laisser la nostalgie des circonstances sans doute exceptionnelles de la guerre froide les induire en erreur sur la nature de leur relation stratégique avec les pays européens dans la nouvelle ère qui s'est ouverte à l'issue du conflit.

Les États-Unis peuvent-ils s'apprêter à relever les défis stratégiques à travers le monde sans beaucoup compter sur l'aide de l'Europe ? La réponse est simple : ils le font déjà. Les États-Unis ont maintenu seuls une stabilité stratégique en Asie. Dans les nombreuses crises qui ont éclaté au Moyen-Orient et dans le golfe Persique au cours de la dernière décennie, y compris dans la crise présente, l'aide européenne, même dispensée avec enthousiasme, est restée symbolique. Quelle que puisse être sa contribution en termes de soutien politique et moral, l'Europe a peu à offrir aux États-Unis en termes militaires et stratégiques depuis la fin de la guerre froide – sauf, bien sûr, le plus précieux des atouts stratégiques, une Europe en paix.

Aujourd'hui, les États-Unis dépensent un peu plus de 3 % de leur PIB pour la défense. S'ils passaient à 4 % – ce qui représente un budget défense de plus de 500 milliards de dollars par an – ils seraient encore en dessous du pourcentage de richesse nationale consacré à la défense durant la majeure partie des dernières cinquante années. Même Paul Kennedy qui forgea le concept de « surextension impériale » à la fin des années 1980 (quand les États-Unis dépensaient près de 7 % de leur PIB pour la défense) estime que le pays pourra pendant très longtemps encore maintenir son niveau de dépenses militaires actuel et conserver la supériorité dont il jouit à présent dans le monde. L'Amérique n'a donc pas à s'en faire, au moins du point de vue matériel. On ne peut pas dire non plus que la population rechignera à porter ce fardeau puisqu'elle le fait depuis dix ans déjà et semble prête, depuis le 11 Septembre, à poursuivre encore longtemps. Apparemment, les Américains n'éprouvent guère d'amertume de ne pouvoir accéder au monde « postmoderne » européen. Rien ne prouve d'ailleurs que la plupart d'entre eux le souhaitent. En partie parce qu'ils sont si forts, ils s'enorgueillissent de la puissance militaire de leur pays et du rôle particulier qu'il joue dans le monde.

Le danger de l'impasse transatlantique actuelle ne vient donc ni de la détermination de l'Amérique ni de son potentiel mais de la tension morale inhérente à l'actuelle situation internationale. Comme il advient si souvent dans les affaires humaines, les vraies données du problème sont intangibles puisqu'il s'agit de peurs, de passions et de croyances. De leur côté, les États-Unis doivent parfois suivre les règles d'un monde hobbésien même si, en agissant de la sorte, ils contreviennent aux normes de l'Europe postmoderne. Ils doivent refuser de se plier à certaines conventions internationales qui risquent de limiter leur capacité à combattre efficacement dans la jungle de Robert Cooper. Ils doivent soutenir le contrôle des armements, mais pas toujours pour eux-mêmes. Il leur faut observer une double norme, et il leur faut aussi parfois agir unilatéralement, non point par goût de l'unilatéralisme mais simplement parce que, une Europe faible ayant renoncé à la puissance, ils n'ont guère d'autre choix que d'agir unilatéralement.

Peu d'Européens sont prêts à reconnaître, comme le fait implicitement Robert Cooper, qu'un tel comportement américain peut avoir des retombées positives pour le monde civilisé, que la puissance américaine, même quand elle s'appuie sur une double norme, peut être le meilleur moyen de promouvoir le progrès humain, voire le seul. Comme le déclarait Niebuhr il y a un demi-siècle, malgré tous ses « dangers », la « puissance hors du commun » dont dispose l'Amérique offre de « réels avantages au monde tout entier » [1]. En revanche, beaucoup d'Européens en sont venus aujourd'hui à considérer que le hors-la-loi c'est en fait l'Amérique, devenue un colosse dévoyé. Le danger, si danger il y a, est que les États-Unis et l'Europe s'éloignent véritablement l'un de l'autre. Les Européens risquent de se faire de plus en plus acerbes dans leurs critiques envers les Américains. Et ces derniers risquent d'être de moins en moins disposés à les entendre, voire à se soucier d'eux. Un jour viendra peut-être, s'il n'est déjà là, où ils seront aussi indifférents aux déclarations de l'UE qu'ils le sont aujourd'hui à celles de l'ASEAN [2] ou du Pacte andin.

Pour ceux qui ont eu vingt ans à l'époque de la guerre froide, le découplage stratégique de l'Europe et des États-Unis semble terrifiant.

---

1. Reinhold Niebuhr, *The Irony of American History*, New York, 1962, p. 134.
2. Association of South-East Asian Nations (Association des nations de l'Asie du Sud-Est, ANASE). (*N.d.T.*)

Lorsque Roosevelt lui présenta la vision d'un monde où l'Europe était devenue quantité négligeable, de Gaulle se rebiffa et déclara que cette vision « risquait de mettre en péril le monde occidental ». Si l'Europe de l'Ouest devenait une « affaire de second ordre » pour les États-Unis, Roosevelt n'allait-il pas en fait « affaiblir la cause même qu'il voulait servir, celle de la civilisation » ? L'Europe de l'Ouest, insista de Gaulle, était « vitale pour l'Occident. Rien ne saurait remplacer la valeur, la puissance, l'exemple éclatant des anciens peuples ». Naturellement, ajoutait-il, cela était « vrai avant tout de la France »[1]. Toutefois, l'*amour propre*[2] des Français mis à part, de Gaulle n'avait-il pas raison ? Si les Américains décident que l'Europe n'est rien de plus qu'une charge inutile, la société américaine ne va-t-elle pas se détacher peu à peu de ce qu'on appelle à présent l'« Ouest » ? C'est là un risque qu'il ne faut pas prendre à la légère, ni sur l'un ni sur l'autre bord de l'Atlantique.

Alors que convient-il de faire ? La réponse qui s'impose est que l'Europe doit suivre le conseil de Cooper, Ash, Robertson et d'autres, et développer son potentiel militaire, même si ce n'est que de façon marginale. Mais il y a peu d'espoir que cela se produise. Après tout, qui sait ? Peut-

1. Cité *in* John Lamberton Harper, *op. cit.*, p. 114-115.
2. En français dans le texte. (*N.d.T.*)

être l'inquiétude engendrée par la puissance démesurée de l'Amérique provoquera-t-elle un sursaut d'énergie en Europe. Peut-être pourra-t-on exploiter les désirs ancestraux qui agitent encore le cœur des Allemands, des Anglais et des Français : le souvenir de la puissance, de l'influence mondiale ainsi que l'ambition nationale. Certains Anglais songent toujours à l'empire, certains Français ont toujours la nostalgie de *la gloire* [1], certains Allemands veulent encore se faire une place au soleil. Ces aspirations trouvent à présent un exutoire dans le grand projet européen, mais elles pourraient se concrétiser sous des formes plus traditionnelles. Qu'il faille le craindre ou le souhaiter, c'est un autre problème. En fait, le mieux serait encore que les Européens surmontent leur crainte et leur colère face au colosse dévoyé afin de se souvenir, une nouvelle fois, qu'il est vital d'avoir une Amérique forte, voire toute-puissante, pour le monde et surtout pour l'Europe. Ce serait, semble-t-il, un prix à payer raisonnable pour accéder au paradis.

Les Américains peuvent apporter leur contribution. Il est vrai que, lors de son entrée en fonction, l'administration Bush en voulait à tout le monde. Les aspirations réalistes-nationalistes dont elle hérita du Congrès républicain des

1. En français dans le texte. (*N.d.T.*)

années 1990 lui donnaient l'air de vouloir presque afficher son mépris pour le reste du monde. L'image qu'elle a donnée durant les premiers mois était celle d'un mastodonte renversant des obstacles visibles pour lui seul. Elle manifesta de l'hostilité à la nouvelle Europe, comme l'avait fait d'ailleurs dans une moindre mesure l'administration Clinton, la considérant moins comme un allié que comme un boulet. Même après le 11 Septembre, quand les Européens proposèrent leur potentiel militaire très limité pour la lutte en Afghanistan, les États-Unis ont résisté, craignant que cette coopération ne soit une ruse destinée à leur lier les mains. L'administration Bush considéra la décision historique que prit l'OTAN d'aider l'Amérique, aux termes de l'article 5 du traité, moins comme une aubaine que comme un piège. Ainsi, on a perdu pour rien une occasion d'amener l'Europe à se joindre, même modestement, au combat qui se jouait dans le monde hobbésien.

Cependant, les Américains sont assez puissants pour ne pas craindre les Européens, même quand ils offrent des cadeaux. Au lieu de voir les États-Unis comme un Gulliver retenu par les fils des Lilliputiens, les dirigeants américains devraient comprendre qu'ils ne subissent aucune contrainte, que l'Europe n'est pas vraiment en mesure d'imposer quoi que ce soit aux États-Unis. Si elle parvenait à dépasser l'angoisse engendrée par cette impression inexacte de contrainte, l'Amérique pourrait commencer à montrer plus de compréhension pour la sensibilité d'autrui, un peu plus de cette générosité d'esprit qui caractérisa sa politique étrangère au temps de la guerre froide. Elle pourrait manifester plus de respect pour le multilatéralisme et pour l'autorité de la loi, et tenter de se constituer un capital politique pour les moments où le multilatéralisme est impossible et l'action unilatérale inévitable. Bref, elle pourrait s'attacher davantage à témoigner ce que les Pères fondateurs du pays appelaient un « juste respect pour l'opinion d'autrui ». Cette politique fut toujours la plus avisée, et les États-Unis ont sans aucun doute tout à gagner à la pratiquer : mieux vaut, à coup sûr, obtenir le soutien matériel et moral des amis et des alliés, surtout en Europe, qu'agir seuls face à l'inquiétude et à l'hostilité du vieux continent.

Ce sont là de modestes mesures qui ne suffiront pas à résoudre les graves problèmes auxquels se trouve confrontée aujourd'hui la relation transatlantique. Mais, après tout, dire que les États-Unis et l'Europe partagent un ensemble de croyances occidentales communes est plus qu'un cliché. Leurs aspirations pour l'humanité sont très voisines, même si l'énorme disparité des forces les a placés aujourd'hui dans des situations très différentes. Peut-être n'est-ce pas faire preuve d'un optimisme trop naïf que de croire qu'un peu de compréhension mutuelle permettrait encore d'accomplir des miracles.

PARTIE
II

Le revers de la puissance

Préambule

« Quel type d'ordre mondial voulons-nous ? » Posée en mars 2003, peu avant l'invasion américaine de l'Irak, par le ministre des Affaires étrangères allemand Joschka Fischer, cette question hante depuis lors les esprits de bon nombre d'Européens [1]. Et cela suffit à donner la mesure des divergences qui existent de nos jours entre les deux côtés de l'Atlantique car il est certain que, depuis la fin du conflit, les Américains, dans leur grande majorité, ne se sont guère préoccupés du problème de l'« ordre mondial ». Pourtant, un jour ou l'autre, il faudra bien qu'ils en arrivent là.

Le grand différend transatlantique concernant la guerre d'Irak est né d'une mésentente profonde sur ce que devait être « l'ordre mondial ». En effet, Européens et Américains n'étaient pas d'accord sur ce qu'il convenait de faire avec ce

1. Interview dans *Der Spiegel*, 24 mars 2003.

pays. C'est pourquoi ils ont débattu pour savoir si Saddam Hussein constituait ou non une menace et s'il fallait ou non prendre les armes. Une grande majorité d'Américains a répondu à ces deux questions par l'affirmative tandis qu'une majorité plus vaste encore d'Européens l'a fait par la négative. Mais ces désaccords étaient plus que le résultat de simples évaluations analytiques et tactiques de la situation en Irak. Comme l'a indiqué le ministre des Affaires étrangères français Dominique de Villepin, l'enjeu de cet affrontement était moins l'Irak proprement dit qu'un conflit entre « deux visions du monde[1] ». Les divergences sur l'Irak n'étaient pas simplement d'ordre politique. Elles portaient également sur des principes fondamentaux. Les sondages d'opinion effectués avant, pendant et après le conflit ont montré deux peuples qui vivent, du point de vue stratégique et idéologique, sur des planètes différentes. Plus de 80 pour cent des Américains estiment que la guerre peut instaurer la justice ; plus de 50 pour cent des Européens considèrent qu'aucune guerre, quelle qu'elle soit, ne pourra jamais être juste[2].

---

1. Discours au Conseil de sécurité des Nations unies, 19 mars 2003.

2. Voir *Transatlantic Trends 2003*, enquête commandée par le German Marshall Fund des États-Unis et la Compagnia di San Paolo. Les sondages ont été effectués du 10 au 25 juin 2003 dans huit pays : États-Unis, France, Alle-

Les désaccords portent sur le rôle du droit international et des institutions internationales ainsi que sur la question nébuleuse et abstraite mais néanmoins prégnante de la légitimité internationale. Ces conceptions du monde divergentes sont antérieures à la guerre d'Irak et à la présidence de George W. Bush, même si la guerre et la conduite des affaires internationales par son administration ont creusé et peut-être exacerbé cette fracture transatlantique au point d'en faire une caractéristique permanente du paysage international. « L'Amérique diffère de l'Europe », a déclaré tout bonnement Gerhard Schröder plusieurs mois avant le conflit[1]. Qui pourrait désormais prétendre le contraire[2] ?

Lors de la parution de mon précédent ouvrage *La Puissance et la Faiblesse*, début 2003, aux éditions Plon, avant la guerre d'Irak, le gouffre était déjà là mais on ne se doutait pas de l'importance qu'il allait prendre pour le monde. On imaginait

---

magne, Grande-Bretagne, Italie, Pays-Bas, Pologne et Portugal. (Les résultats peuvent être consultés à l'adresse suivante : www.transatlantictrends.org.)

1. Interview dans le *New York Times*, 4 septembre 2002.

2. Comme l'a observé le spécialiste de sciences politiques britannique Christopher Croker : « Rien n'est plus naïf que de prétendre que les fractures disparaîtront si Bush n'est pas réélu en 2004 ou si le gouvernement Schröder perd le pouvoir. » Christopher Croker, *Empires in Conflict : The Growing Rift Between Europe and the United States*, Whitehall Paper 58, Londres 2003, p. 3.

alors que chacun ferait cavalier seul pour les questions stratégiques mondiales et que, même dénuée de chaleur, une telle situation serait au moins gérable, une sorte de division du travail au plan stratégique, l'Europe se concentrant sur l'Europe et les États-Unis sur tout le reste. Le partenariat stratégique de la guerre froide pouvait céder le pas à une certaine indifférence réciproque sans entraîner pour autant une crise permanente au sein du camp occidental. Américains et Européens ne pouvaient-ils pas simplement se dire, comme dans la chanson de Bob Dylan : « Chacun part de son côté, toi du tien, moi du mien » ?

Aujourd'hui, la perspective est plus sombre. Un grand schisme s'est produit à l'Ouest et, en lieu et place d'une simple indifférence mutuelle, c'est un antagonisme réciproque qui menace d'affaiblir les deux camps de la communauté transatlantique. Survenant à un moment de l'histoire où crises et dangers d'un type nouveau prolifèrent à vive allure, ce schisme risque d'être lourd de conséquences. Le découplage stratégique de l'Europe et des États-Unis est déjà grave en soi. Mais qu'adviendra-t-il si la scission à propos de « l'ordre mondial » gagne le reste de ce qu'on a appelé jusqu'ici l'Ouest libéral ? Cet Ouest sera-t-il encore lui-même ?

Il y a quelques années, il eût été impensable de nourrir de telles interrogations. Au lendemain de la guerre froide, Francis Fukuyama supposait, comme nous tous d'ailleurs, qu'à la fin de l'histoire les démocraties libérales de la planète vivraient en relative harmonie. Des conflits surviendraient entre l'Ouest et « les autres », mais pas au sein de l'Ouest lui-même. Les démocraties qui partageaient les mêmes principes libéraux et démocratiques n'auraient « aucune raison de remettre en question leurs légitimités respectives [1] ». Le bien-fondé de cette hypothèse plausible *a priori* est désormais contesté. En effet, c'est bien un problème de légitimité qui divise aujourd'hui Américains et Européens – peut-être pas la légitimité de leurs institutions politiques respectives mais celle de leurs visions divergentes de « l'ordre mondial » [2]. Plus précisément, c'est la légitimité de la puissance américaine et du leadership mondial américain qui a fini par être contestée par une majorité d'Européens.

Ainsi, pour la première fois depuis la Seconde Guerre mondiale, l'Amérique se trouve confrontée à une crise de légitimité internationale.

Un jour, les Américains s'apercevront qu'ils ne

---

1. Francis Fukuyama, *The End of History and the Last Man*, New York, 1992, p. 263 (*La Fin de l'histoire et le dernier homme*, Paris, Flammarion, 1992. *N.d.T.*).

2. De fait, il arrive parfois qu'Européens et Américains contestent leurs institutions économiques et politiques respectives.

peuvent ignorer ce problème. Durant cette nouvelle ère que nous vivons, le combat pour la définition et l'obtention d'une légitimité internationale risque fort d'être l'un des plus grands défis de notre temps, aussi crucial à certains égards pour la détermination de l'avenir du système international et la place de l'Amérique en son sein qu'aucun autre signe purement matériel de puissance et d'influence.

Les trois piliers de la légitimité au temps de la guerre froide

Quelle est exactement l'origine de ce combat pour la légitimité ? Tout au long de la guerre froide, la légitimité de la puissance américaine et du leadership mondial allait très largement de soi, et pas seulement pour les Américains. Même s'ils s'irritaient parfois de la domination des États-Unis et contestaient souvent leurs initiatives au Viêt-nam, en Amérique latine et ailleurs, la vaste majorité des Européens n'en considérait pas moins que le leadership américain était à la fois nécessaire et souhaitable.

Contrairement aux mythes qui fleurissent aujourd'hui de part et d'autre de l'Atlantique, les fondements de la légitimité de l'Amérique au temps de la guerre froide n'ont pratiquement rien à voir avec le fait que les États-Unis ont créé l'ONU ou manifesté un respect sans faille pour les préceptes du droit international énoncés dans sa

Charte. En réalité, durant les quarante premières années de son existence, le Conseil de sécurité a été paralysé par l'affrontement de la guerre froide. À cette époque, les États-Unis ne s'estimaient pas tenus d'obtenir son aval avant de se lancer dans une guerre ou de tenir des propos belliqueux. Quant aux Européens, ils n'attendaient ni n'exigeaient rien d'eux à cet égard. Eux-mêmes n'ont d'ailleurs pas sollicité pareille autorisation avant de déclencher des guerres au Moyen-Orient, en Asie du Sud-Est ou dans l'Atlantique sud. Et quand les États-Unis se sont référés au droit international pour justifier leurs actions durant la guerre froide, ils en ont appelé au principe fourre-tout d'autodéfense collective, fondé sur le raisonnement parfois spécieux que toute action entreprise par les États-Unis, de l'intervention militaire au renversement clandestin de régimes à travers le tiers monde, était par définition un acte d'autodéfense du « monde libre » face à un communisme international par nature agressif.

Ce ne sont pas des ensembles de règles, de lois et d'institutions mais les circonstances de la guerre froide et le rôle particulier tenu par l'Amérique dans ce conflit qui ont assis la légitimité des États-Unis, au moins dans le camp occidental[1]. En Europe, la légitimité américaine a

1. En dehors de l'Europe et du Japon, dans des régions comme l'Amérique latine, le Moyen-Orient et l'Afrique ou, bien sûr, dans des pays tels que la Russie et la Chine,

reposé sur trois piliers, tous découlant de l'existence d'un empire communiste soviétique.

Le pilier central était la menace stratégique commune de l'Union soviétique – réalité rendue chaque jour palpable par la présence de centaines de milliers de soldats soviétiques parqués au cœur de l'Europe. Cette menace commune s'accompagnait du sentiment courant que seuls les États-Unis détenaient la puissance nécessaire pour la contrer. La plupart des Européens ainsi que la plupart de ses alliés asiatiques reconnaissaient que l'Amérique était le premier rempart contre la menace soviétique, ce qui lui conférait un très haut degré de légitimité. Même quand les Européens considéraient que les États-Unis avaient un comportement stupide ou immoral, ils n'en continuèrent pas moins le plus souvent à tolérer leur puissance et leur leadership mondial – en partie parce qu'ils n'avaient pas d'autre choix. La légitimité dont bénéficièrent les États-Unis au sein du camp occidental durant la guerre froide résulta donc en grande partie du fait que les alliés y trouvaient leur compte.

À la menace stratégique commune s'en ajoutait une autre, commune également mais cette fois idéologique. Durant la guerre froide, les États-Unis étaient fiers d'être « le chef de file du

---

l'Amérique a bénéficié en général d'une moins grande légitimité.

monde libre » face au monde totalitaire, rang que la plupart des Européens leur concédaient volontiers. Le combat manichéen qui se jouait alors donna à la plus puissante démocratie au monde une très grande autorité dans le camp démocratique. Avec du recul, il est manifeste que le partage de principes démocratiques libéraux eut beaucoup plus de poids dans un monde menacé par le totalitarisme qu'il ne saurait en avoir dans un monde où les libertés sont moins en danger.

Enfin, le système international « bipolaire » de la guerre froide donna naissance à une sorte de légitimité structurelle. Les deux superpuissances se trouvant à peu près en situation d'équilibre, la puissance de l'Amérique, pourtant fort vaste, était néanmoins sous contrôle. Certes, les Européens ne voyaient pas d'un bon œil le déploiement militaire soviétique sur leur continent. Mais nombre d'entre eux considéraient implicitement que l'existence de moyens conventionnels et nucléaires aidait à contenir les Américains. La France du général de Gaulle, l'Allemagne de Willy Brandt et d'autres encore ont apprécié de pouvoir échapper dans une petite mesure à la domination américaine grâce à l'équilibre qui régnait alors entre les supergrands. À la fin de la guerre froide, ces piliers de la légitimité américaine se sont retrouvés à terre, tout comme le mur de Berlin et les statues de

Lénine. Au cours de la période qui a suivi, rien n'est vraiment venu les remplacer. Quels que soient les dangers qu'il représente lorsqu'il bascule dans le terrorisme, l'islam militant, radical, ne s'est pas substitué au communisme comme menace idéologique pour la démocratie libérale occidentale et ne saurait d'ailleurs y parvenir. C'est pourquoi, de nos jours, l'expression « chef de file du monde libre » a, même pour des Américains, un petit côté absurde.

La menace redoutable de l'Union soviétique n'a pas non plus été remplacée, comme source de la légitimité américaine, par celles plus diffuses et plus opaques du lendemain de la guerre froide. Dans les années 1990, les conflits ethniques des Balkans ont contraint les Européens à saluer l'intervention militaire américaine et l'instauration d'une Europe « libre et unifiée » a été un projet transatlantique où l'Amérique était encore le chef de file, surtout pour les pays d'Europe centrale et orientale. Mais l'accomplissement de ce projet a mis un terme à la dépendance stratégique de l'Europe vis-à-vis des États-Unis, du moins aux yeux de bon nombre d'Européens de l'Ouest. Les nations d'Europe n'ont jamais pleinement partagé les craintes de l'Amérique au sujet des armes de destruction massive en Irak, en Iran et en Corée du Nord, que ce soit sous Clinton ou après. De même, aujourd'hui, la plupart des Européens ne partagent pas l'inquiétude qui habite les Américains depuis le 11 septembre au sujet d'un possible lien entre ces armes et le terrorisme international. À tort ou à raison, en leur for intérieur les Européens ne croient pas que ces armes vont se retourner contre eux. Et s'ils se sentent concernés, ils ne comptent généralement plus sur les États-Unis pour les protéger. Installés dans leur paradis géopolitique, les Européens ne redoutent pas les jungles qui se trouvent au-delà ; par conséquent, ils n'estiment plus ceux qui montent la garde et considèrent plutôt que ce sont ces mêmes gardes qu'il faut surveiller.

Pendant la guerre froide, la légitimité de l'Amérique reposait essentiellement sur l'intérêt personnel des Européens. Aujourd'hui, l'indépendance stratégique relative de ces derniers a poussé un grand nombre d'entre eux à revenir sur cette légitimité globale qu'ils reconnaissaient autrefois volontiers à l'Amérique[1]. En vérité, la disparition de la menace soviétique, l'avènement

1. L'Europe centrale et orientale, où la plupart des pays se sentent encore stratégiquement dépendants des États-Unis, fait naturellement exception à la règle. Mais, au cours des prochaines années, ces États vont peut-être se sentir moins menacés et, au fur et à mesure de leur stabilisation et de leur intégration dans le réseau de relations économiques et politiques de l'Union européenne, risquent de s'engager sur la même voie que les autres nations de l'Europe de l'Ouest.

du système international « unipolaire » actuel et la perte de légitimité structurelle qui en est résultée font que les craintes et les soupçons des Européens sont désormais tournés vers l'ouest, vers l'autre côté de l'Atlantique. Loin de considérer les États-Unis comme un protecteur, et donc comme un « chef de file » légitime, de nombreux Européens s'inquiètent aujourd'hui de l'existence d'une Amérique débridée qui échappe désormais à leur contrôle.

Le mauvais pas unipolaire

La situation que l'on peut qualifier de « mauvais pas unipolaire » n'est donc pas le produit d'une politique américaine spécifique ni d'une administration particulière. Avec la fin de la guerre froide, c'est la puissance mondiale américaine elle-même qui est inévitablement devenue la nouvelle pierre d'achoppement. Européens et Américains commencent tout juste à prendre conscience du problème. « Que devons-nous faire, demandait Joschka Fischer après le déclenchement de la guerre en Irak, quand... notre partenaire privilégié prend des décisions que nous jugeons extrêmement dangereuses [1] ? » Que faire en vérité ? La question est relativement nouvelle car la perte de contrôle des Européens sur les actions des États-Unis est un phénomène relativement récent. Au cours de la guerre froide, même une Amérique dominante était contrainte

1. Interview dans *Der Spiegel*, 24 mars 2003.

d'écouter les Européens, au moins parce que la politique américaine dans ce conflit visait par-dessus tout à protéger et renforcer le Vieux Continent. De nos jours, l'Europe a perdu une grande part de l'influence qui était la sienne autrefois. Trop faible pour constituer un allié décisif, elle est trop en sécurité pour être considérée comme une victime potentielle. Si, durant la guerre froide, les États-Unis avaient pour habitude de calculer l'impact de leurs actions sur la sécurité de l'Europe, ils n'ont plus désormais autant de motifs de nourrir ce type de préoccupations.

Voilà pourquoi les Européens sont inquiets, pourquoi ils s'interrogent sur cette puissance américaine effrénée et sur la façon de contrôler à nouveau l'exercice de cette puissance par les États-Unis. Il faut dire que les Européens sont depuis trop longtemps accoutumés à façonner le monde, soit au moyen de leur propre puissance, soit par le biais de leur influence sur les Américains, pour se croiser aujourd'hui gentiment les bras et laisser à ces derniers toute l'initiative. D'autre part, que sont-ils censés faire s'ils estiment que les États-Unis prennent des risques inconsidérés ? Durant les conflits des années 1990 dans les Balkans, les Européens ont cruellement ressenti cette perte de contrôle quand, au début de la décennie, ils attendaient impuissants qu'une administration Clinton hésitante se décide à agir. Puis, en 1999, quand les États-Unis se sont vraiment engagés, lors de la guerre du Kosovo, ils ont été relégués au rang d'observateurs tandis que le sort de ce conflit difficile qui se jouait à leur porte se trouvait presque exclusivement entre les mains d'un général américain. Quel que soit le président des États-Unis – George Bush, Bill Clinton ou George W. Bush –, le nouvel ordre international a placé les Européens dans la position peu enviable qui consistait pour eux à confier à l'unique superpuissance le soin de juger et d'agir avec discernement. Ce qui n'est pas chose aisée car, comme les Européens le savent fort bien, toutes les nations peuvent à l'occasion commettre des erreurs de jugement.

Toutefois, le mauvais pas unipolaire soulève des problèmes encore plus fondamentaux. Avant tout, celui de la légitimité politique et morale. Pour un esprit libéral moderne, il y a quelque chose de profondément illégitime dans l'idée qu'il n'existe qu'une seule puissance mondiale dominante dont l'action n'a pour toute limite que son seul sens de la modération. Quelle que soit l'habileté diplomatique d'un président américain, l'esprit de la démocratie libérale ne peut admettre l'idée d'une domination hégémonique, tant au plan national qu'international, indépendamment de la discrétion entrant dans son exercice. Comme l'a déclaré Kenneth N. Waltz dans un essai de 1997 : « Quel qu'en soit le détenteur, une puissance sans partage constitue pour les autres un danger potentiel[1]. » De l'avis général, la nature abhorre le monopole du pouvoir autant qu'elle en abhorre la vacance[2]. Et n'est-il pas vrai, comme l'a écrit Lord Acton, que le pouvoir absolu corrompt absolument ?

Pour un esprit libéral occidental, freins et contrepoids sont des prérequis à l'instauration de la justice et de la liberté dans la vie nationale. Comme le soutient l'érudit et homme d'État britannique Robert Cooper : « Nos systèmes nationaux sont conçus de manière à limiter le pouvoir... Nous sommes très attachés au pluralisme et au respect du droit sur le plan national et il est difficile pour les sociétés démocratiques – y compris pour les États-Unis – de ne pas admettre l'idée que ces principes soient tout aussi

---

1. « Evaluating Theories », *American Political Science Review* 91, décembre 1997, p. 915.

2. De fait, pour la théorie réaliste et néo-réaliste, un monde unipolaire du type de celui que nous connaissons est impossible ou, du moins, par essence instable et éphémère car l'émergence d'une seule superpuissance doit conduire rapidement les autres puissances mondiales à se liguer pour faire opposition et rétablir un équilibre international. Pour un résumé et une réfutation de cette théorie, voir William C. Wohlforth, « The Stability of a Unipolar World », *International Security* 24, été 1999, pp. 5-41.

souhaitables au plan international[1]. » Les États-Unis vont-ils mettre leur puissance au service de leurs propres petits intérêts, aux dépens des autres ? Telle est la grande question qui préoccupe désormais même les amis et admirateurs de ce pays. « Le problème posé par le monopole américain de la force au sein de la communauté mondiale, soutient Cooper, vient de ce que ce monopole est américain et va donc forcément s'exercer en faveur des intérêts des États-Unis. Ce qui ne sera pas considéré comme légitime[2]. »

Bien avant que l'administration Bush ait mis tant de maladresse à rassurer même ceux qui étaient ses plus proches alliés, d'autres administrations ont été confrontées, au lendemain de la guerre froide, à une montée de l'inquiétude face à la domination croissante du pays. Bill Clinton et Madeleine Albright ont donné fièrement aux États-Unis le surnom de « nation indispensable », les ministres des Affaires étrangères français ainsi que leurs homologues russes et chinois ont qualifié le monde unipolaire dirigé par les États-Unis d'injuste et dangereux. Sous la présidence de Bill Clinton, Samuel P. Huntington a mis en garde contre l'« arrogance » et l'« unilatéralisme » des politiques américaines. Enfin, les récriminations des Européens concernant

1. *The Breaking of Nations*, New York, 2004, pp. 163-164.
2. *The Breaking of Nations*, *op. cit.*, p. 167.

l'« arrogance » et la « brutalité » de l'administration Clinton avant, pendant et après la guerre du Kosovo en 1999 ont mis en évidence l'inquiétude croissante que suscitaient les problèmes inhérents à la nouvelle structure et, en particulier, l'accélération de la perte de contrôle par les Européens [1].

Après le 11 septembre 2001, pour de nombreux Européens le cauchemar est devenu réalité. En effet, au lendemain de l'agression contre les États-Unis, l'administration Bush et les Américains en général ont été très francs sur le fait que la puissance américaine devait servir avant tout, sinon exclusivement, à défendre leurs intérêts vitaux nouvellement menacés. Le soutien initial des Européens à l'invasion américaine de l'Afghanistan et l'invocation historique par les alliés de l'OTAN de l'article V prévoyant une défense collective des États-Unis visaient en partie à faire en sorte que l'Amérique n'agisse pas seule et à doter l'Europe d'un certain contrôle sur la réponse américaine aux attaques terroristes. C'est l'une des raisons pour lesquelles l'indifférence apparente de l'Amérique face à ces offres

---

1. Comme l'a observé Huntington, « dans la plupart des pays, les dirigeants politiques et les intellectuels en vue s'opposent farouchement à la perspective d'un monde unipolaire et sont en faveur de l'émergence d'une vraie multipolarité ». Voir Samuel P. Huntington, « The Lonely Superpower », *Foreign Affairs* 78, mars-avril 1999, p. 34.

d'assistance a tant déconcerté les Européens. Par la suite, quand les États-Unis ont porté leur regard au-delà de l'Afghanistan vers l'Irak et un certain « axe du mal », ils ont compris qu'ils n'étaient plus maîtres de la situation.

L'accord prévalant durant la guerre froide qui sous-tendait la coopération transatlantique s'était inversé. Alors qu'autrefois les États-Unis ont mis en péril leur propre sécurité pour défendre les intérêts vitaux d'une Europe menacée, aujourd'hui c'est une Amérique menacée qui s'occupe d'elle-même avec un mépris apparent et parfois réel pour ce que les Européens considèrent comme *leurs* intérêts sécuritaires, politiques et moraux.

Pour les Européens, le problème de l'hégémonie américaine est particulièrement contrariant parce qu'ils n'y peuvent pas grand-chose. Depuis les années 1990, les espoirs concernant l'émergence d'un monde multipolaire se sont évanouis. Aujourd'hui, force est de constater qu'il sera quasiment impossible d'égaler la puissance américaine dans les décennies à venir. En outre, pour la plupart des Européens, les seuls candidats en mesure de rivaliser avec cette puissance, la Russie et la Chine, n'offrent guère de perspective attrayante. Les propres capacités militaires du Vieux Continent ne cessent de décliner par rapport aux États-Unis, et les ambitions françaises en matière de création d'un contrepoids européen face aux États-Unis sont sans cesse contrecarrées par une aversion européenne post-moderne plus affirmée pour la puissance militaire, la politique du coup de force et l'idée même d'un équilibre des forces[1]. Les Européens ont aussi été freinés par la crainte d'aliéner la puissante Amérique, à laquelle se sont ajoutées une grande méfiance à l'égard de l'hégémonisme « discret » de la France et l'inquiétude persistante de voir renaître la puissance allemande.

Cependant, au bout du compte, si les Européens n'ont pas cherché à contrer l'hégémonie américaine en usant comme il se doit de leur pouvoir, c'est précisément qu'ils ne voient pas en elle une menace en termes de pouvoir au sens traditionnel. Sur ce point, Kenneth N. Waltz s'est trompé : tous les potentats ne sont pas aussi effrayants. Le danger présenté par les États-Unis, et les Européens le savent bien, ne concerne pas la sécurité du Vieux Continent ni même son indépendance et son autonomie[2]. La « menace » amé-

1. De fait, les Européens ont des positions quelque peu contradictoires : d'un côté ils sont en faveur du retour à un certain équilibre des forces afin de rétablir la paix et la justice dans le système international alors que, de l'autre, ils ont rejeté l'équilibre des forces au motif qu'il était la plus grande menace pour la paix et la justice sur leur continent.

2. Malgré tous les discours sur l'« empire » américain, les Européens savent bien que les États-Unis n'ont pas l'ambition impériale de prendre le contrôle du Vieux Continent comme ont essayé de le faire dans le passé de prétendus potentats, de Louis XIV à Napoléon et Hitler.

ricaine est en effet d'une tout autre nature. Ce que les Européens craignent, ce n'est pas de tomber sous la coupe des États-Unis mais de perdre le contrôle qu'ils exercent sur ce pays et donc, par extension, sur la direction des affaires internationales.

Si, de nos jours, les États-Unis sont confrontés à une crise de légitimité, le désir des Européens de retrouver une part de leur ascendant sur le comportement américain est en grande partie responsable de cet état de fait [1]. La vaste majorité des Européens se sont prononcés contre l'invasion américaine de l'Irak pour une raison autre que leur simple opposition à la guerre. De fait, ce sont la volonté et la capacité de l'Amérique à partir en guerre sans l'aval du Conseil de sécurité, autrement dit sans l'aval de toute l'Europe, qui ont posé le plus de problèmes tant pour la conception européenne de l'ordre mondial que pour la capacité du Vieux Continent à exercer ne serait-ce qu'une petite parcelle d'influence dans le nouveau système unipolaire. « Un ordre mondial ne peut fonctionner quand l'intérêt national

1. Là encore, le fait que la Russie, la Chine et de nombreux pays d'Amérique latine, d'Afrique et du Moyen-Orient se soient opposés à l'usage de la puissance américaine en la qualifiant d'illégitime n'est pas un phénomène nouveau. En revanche, ce qui est nouveau et dramatique, c'est la défection des alliés européens de l'Amérique et leur ralliement à ce camp.

de la plus forte puissance est le critère décisif pour l'utilisation de la force de ce pays », a objecté Joschka Fischer. Il doit y avoir des règles qui déterminent le comportement de toutes les nations, a-t-il insisté, mais ces règles « doivent s'appliquer aux grands, aux moyens et aux petits pays [1] ». Comme l'a déclaré le président Jacques Chirac, les crises mondiales ne peuvent pas être résolues « par une nation agissant seule sur la base de ses propres intérêts et de ses propres jugements... Toute situation de crise, quelle que soit sa nature, dans quelque partie du monde que ce soit, est l'affaire de la communauté internationale toute entière [2] ». Dans ces appels en faveur d'une implication de la « communauté internationale », on insiste toujours ouvertement pour que l'Europe en particulier ait son mot à dire.

Il ne s'agit pas pour autant de taxer de cynisme les Européens parce qu'ils imposent aux États-Unis d'obtenir une légitimation internationale de leurs actes. En raison de leur propre histoire et parce qu'ils fonctionnent désormais au sein d'une organisation internationale, l'Union européenne, requérant un accord multilatéral dans tous les domaines, leur engagement en faveur d'une légitimité issue d'une négociation multilatérale et d'institutions juridiques internationales est sin-

1. Interview dans *Der Spiegel*, 24 mars 2003.
2. Interview télévisée, 14 juillet 2003.

cère, voire zélé. Mais les idéaux et l'intérêt personnel vont souvent de pair, et les assauts européens contre la légitimité des actions américaines et de la puissance américaine peuvent constituer un moyen efficace, quoique non conventionnel, de contraindre et de contrôler la superpuissance américaine. La légitimité, déclare Cooper, « confère autant de pouvoir que la force », et de nombreux Européens mettent tous leurs espoirs dans ce principe.

Il est certain que la « légitimité » est un atout dont les Européens se croient amplement dotés. Elle constitue leur avantage dans la nouvelle bagarre géopolitique qui les oppose aux États-Unis, le grand égalisateur dans une relation par ailleurs bancale. Selon la plupart de ses membres, l'Union européenne jouit d'une légitimité naturelle du seul fait qu'elle est une organisation collective. Le nombre est source à la fois de puissance et de légitimité et, dans un monde libéral moderne, cette légitimité peut servir de substitut à d'autres types de pouvoir. On peut aussi la troquer contre de l'influence. Selon Javier Solana, les États-Unis ont besoin de l'Europe parce que celle-ci est « un partenaire qui détient la légitimité résultant de l'action collective d'une union forte de vingt-cinq États souverains [1] ». En échange d'un plus grand poids dans

1. « The Future of Transatlantic Relations : Reinvention or Reform ? » *Progressive Governance*, 10 juillet 2003.

les affaires internationales et d'un contrôle accru sur l'exercice du pouvoir par les États-Unis, l'Europe peut fournir à l'Amérique la légitimité qui lui manque aujourd'hui. En fait, pour beaucoup d'Européens, il s'agira là de la grande tractation de l'ère unipolaire. D'après Joschka Fischer, les Américains vont découvrir en Irak que « le problème de la légitimation dépasse de loin les capacités de leur pays [1] ». Mais cela n'est pas une simple prédiction. C'est aussi une façon pour les Européens de faire valoir leurs prétentions en matière d'influence.

Toutefois, il est clair que Fischer n'a pas tort pour autant. En réalité, il est sans doute dans le vrai. La démarche consistant à envahir l'Irak puis à tenter de le reconstruire sans une véritable bénédiction de l'Europe n'a pas été une expérience particulièrement heureuse, même si les États-Unis finiront un jour par réussir dans ce pays. L'Amérique ne peut ignorer le problème de la légitimité, et la légitimité internationale n'est pas une chose dont elle peut se doter elle-même. Par conséquent, pour satisfaire leur besoin de légitimité, vers quoi les États-Unis peuvent-ils se tourner ?

1. Interview, *Die Zeit*, 8 mai 2003.

Le mythe de l'« ordre international »

Dès que les États-Unis ont commencé à envisager ouvertement l'invasion de l'Irak, les Européens ont joué la carte du Conseil de sécurité de l'ONU. « C'est bien des Nations unies, et d'elles seules, que peut venir l'autorité légale et morale d'une telle entreprise », a souligné Dominique de Villepin avant, pendant et après la guerre[1]. Et il est certain que le ministre des Affaires étrangères français parle au nom d'une vaste majorité d'Européens comprenant des Britanniques, des Espagnols, des Polonais, des Italiens et beaucoup d'autres membres de ce que l'on nomme à tort « la nouvelle Europe ». De fait, cette conviction est si forte à travers tout le continent que même l'allié le plus sûr de l'Amérique, Tony Blair, dirigeant le moins « européen », a néanmoins jugé

1. Discours au Conseil de sécurité des Nations unies, 19 mars 2003.

l'aval des Nations unies à une invasion de l'Irak absolument essentiel pour satisfaire sa propre opinion publique[1]. Et lorsque le président Bush a décidé de se tourner vers les Nations unies, c'était en grande partie à cause de la situation politique de Blair au Royaume-Uni et aussi pour renforcer son influence sur le Vieux Continent. « Les Nations unies sont le lieu où se construisent la règle et la légitimité internationales, déclarait en mars 2003 Villepin au Conseil de sécurité, parce qu'elles s'expriment au nom des peuples[2]. »

Cette conviction n'est d'ailleurs pas le seul apanage de l'Europe. Comme le montrent régulièrement les sondages, les Américains eux aussi ont une certaine déférence pour le Conseil de sécurité de l'ONU. Certes, le soutien américain est nettement plus mesuré et beaucoup plus conditionnel que celui des Européens : ainsi, une forte majorité d'Américains estimaient qu'il fallait contourner le Conseil de sécurité et envahir l'Irak[3]. Mais les Nations unies ne manquent pas pour autant de partisans. C'est pourquoi George W. Bush a décidé qu'il était judicieux, au moins

1. À tel point qu'il a sacrifié une grande part de son capital politique personnel et international en tentant vainement d'obtenir une seconde résolution autorisant explicitement la guerre.

2. Discours au Conseil de sécurité de l'ONU, 19 mars 2003.

3. Voir *Transatlantic Trends 2003*, *op. cit.*

pour sauver les apparences, de solliciter l'approbation du Conseil de sécurité avant de déclencher un conflit, puis est retourné devant le Conseil à maintes reprises depuis la fin de la guerre afin de rechercher des appuis internationaux – et une légitimité internationale.

Cependant, le Conseil de sécurité des Nations unies et la structure juridique internationale sur laquelle il repose sont-ils vraiment, comme le prétendent aujourd'hui avec insistance les Européens, le sanctuaire de la légitimité internationale ? Certes, la vie internationale serait plus simple s'il en était ainsi. Mais ce n'est pas le cas. Depuis la création des Nations unies il y a soixante ans, le Conseil de sécurité n'a jamais fonctionné comme le voulaient ses concepteurs les plus idéalistes. Et, pendant tout ce temps, il n'a pas été non plus reconnu et accepté comme seule source de légitimité internationale – et ce, pas même par les Européens. Assurément, l'obligation qui a été faite aux États-Unis par les Européens de solliciter l'accord de l'ONU avant de lancer une guerre contre l'Irak et, sans doute, avant de déclencher tout conflit ultérieur, constitue une donnée nouvelle, voire révolutionnaire.

Durant la majeure partie de l'existence des Nations unies, à savoir pendant les quatre décennies de la guerre froide, le Conseil de sécurité s'est trouvé paralysé par l'implacable hostilité de ses deux membres les plus puissants qui détenaient l'un et l'autre un droit de veto. Ce n'est qu'après la chute de l'Union soviétique et la fin de la guerre froide qu'il est devenu possible, en quelque sorte, d'imaginer ce Conseil comme seul siège de l'autorité et de la légitimité internationales. Beaucoup ont alors espéré que l'ONU qui était essentiellement « une institution de l'avant-guerre froide » pourrait donc « devenir une institution viable de l'après-guerre froide[1] ».

Toutefois, dans les années qui ont suivi, les résultats ont été mitigés. En 1991, le président Bush Sr a demandé et obtenu l'accord du Conseil de sécurité pour la guerre du Golfe, mais seulement après avoir déployé sur le terrain 500 000 hommes et fait savoir que les États-Unis passeraient à l'acte, s'il le fallait, sans autorisation[2]. En 1994, l'administration Clinton a dépêché des troupes en Haïti sans l'accord du Conseil de sécurité qui n'est venu qu'après. En 1998, lors de l'opération « Renard du désert », l'administration Clinton a bombardé l'Irak sans résolution et, de fait, malgré la vigoureuse opposition de la France et de la Russie au Conseil de sécurité. Il y a bien eu quelques occasions où le Conseil a fonctionné mais tous les observateurs

1. Robert Cooper, *The Breaking of Nations*, *op. cit.*, p. 57.
2. À supposer que l'Union soviétique eût bloqué la résolution autorisant la première guerre du Golfe, tout le monde savait, y compris les Soviétiques eux-mêmes, que Bush n'aurait pas rapatrié son demi-million d'hommes.

s'accordent à dire que, durant la première décennie qui a suivi la guerre froide, son autorité s'est amoindrie et non renforcée.

Le cas le plus intéressant a été celui du Kosovo. En effet, au Kosovo, ce sont les Européens et les Américains qui sont partis en guerre sans obtenir de légitimation de leur action par le Conseil de sécurité [1]. Néanmoins, à l'époque et depuis lors, la plupart des Européens ont toujours affirmé que ce conflit était légitime, estimant que l'Europe en particulier avait l'obligation morale d'empêcher un autre génocide sur son territoire. Et ce n'est pas un hasard si, parmi les plus farouches partisans de la guerre en 1999, il y avait un Allemand, Joschka Fischer, chef de file du parti ultramoraliste des Verts. Pour Fischer, comme pour Gerhard Schröder et Tony Blair, la terrible crise humanitaire et le caractère sauvage du comportement des Serbes devaient l'emporter sur l'obligation juridique d'obtenir un mandat de l'ONU. La réaction européenne au Kosovo, déclare Robert Cooper, a été impulsée par « le souvenir collectif de l'Holocauste et des flots de personnes déplacées provoqués par un nationalisme extrémiste lors de la Seconde Guerre mon-

1. Quand l'OTAN est entrée en guerre contre la Serbie en 1999, les alliés ont tenté d'obtenir l'aval du Conseil mais n'y sont point parvenus à cause de l'opposition de la Russie, protectrice traditionnelle de la Serbie.

diale », et c'est cette « expérience historique commune » qui a fourni « une justification à l'intervention armée ». Le fait qu'un génocide puisse se dérouler sur leur sol a donné aux Européens non seulement une responsabilité particulière dans cette affaire mais aussi le droit d'entrer en guerre pour y mettre un terme. Ainsi, l'histoire et la morale ont supplanté les principes traditionnels du droit international. « Il en serait allé tout autrement », déclare Cooper dans un livre écrit après le conflit irakien, si l'Europe avait dû « intervenir sur un autre continent avec une autre histoire ». L'« ordre européen est fondé sur une histoire européenne particulière et sur les valeurs qui en découlent [1] ».

Naturellement, en 1999, les Américains étaient parfaitement d'accord pour entrer en guerre sans mandat de l'ONU. De fait, plusieurs membres de l'administration Clinton espéraient qu'il en résulterait un précédent utile. Comme le fait observer le spécialiste de sciences politiques Christopher Croker, « "Multilatéral si possible, unilatéral si nécessaire", telle était la profession de foi de l'administration Clinton [2] ». Tout au long du conflit lui-même, le commandant des forces américaines, le général Wesley Clark, a, comme tous ses collègues américains, manifesté un certain

1. *The Breaking of Nations*, *op. cit.*, p. 61.
2. *Empires in Conflict*, *op. cit.*, p. 3.

dédain et une certaine impatience à l'égard des « problèmes juridiques » soulevés par les Européens. Comme le rappelle à juste titre Villepin, les Américains ainsi que l'Angleterre de Tony Blair ont vu dans le Kosovo « le premier exemple d'un droit coutumier d'intervention humanitaire sans mandat de l'ONU. Nous y avons vu au contraire une exception, justifiée à la fois par un large soutien et par la menace d'un désastre humanitaire imminent [1] ».

Cependant, les exceptions peuvent être lourdes de conséquences, surtout lorsqu'il s'agit de quelque chose d'aussi fragile et d'aussi souvent bafoué que le droit international relatif à l'usage de la force. Il reste que la guerre du Kosovo était illégale, et pas seulement parce que l'aval du Conseil de sécurité faisait défaut. En effet, la Serbie était un État souverain qui n'avait pas commis d'agression contre un autre État mais massacrait sa propre population d'origine albanaise. Par conséquent, l'intervention bafouait un principe cardinal, peut-être le principe cardinal par excellence de la Charte des Nations unies, à savoir l'égalité souveraine inviolable de toutes les nations [2]. Tout le droit international repose

1. « Le droit, la force et la justice », discours prononcé à l'International Institute for Strategic Studies, 27 mars 2003.

2. D'aucuns peuvent considérer que la Convention sur le génocide apporte une sorte de justification juridique à ce

depuis des siècles sur cette règle. Au XVIIe siècle, le théoricien du droit Hugo Grotius déclarait déjà que le principe de non-intervention constituait le fondement intangible de tout système juridique international. Établi après les affrontements religieux dévastateurs de la guerre de Trente Ans au milieu du XVIIe siècle, le système dit de Westphalie a consacré la souveraineté nationale et le principe de non-ingérence comme préalables indispensables de la paix internationale. Certes, au cours des trois siècles qui ont suivi, le système de Westphalie a constitué une sorte de supercherie : durant cette période, il est difficile de citer une seule année où l'on n'ait vu un pays se mêler des affaires intérieures d'un autre pays. Il reste que le principe et la théorie sous-jacente étaient logiques sinon aisés à mettre en œuvre. En effet, si l'on ne tient pas pour sacrée la souveraineté nationale et si chaque nation peut, en se fondant sur son propre sens de la justice et de la morale, intervenir dans un autre pays, sur quelle base

---

conflit. Cependant, ladite convention stipule que les parties contractantes peuvent « saisir les organes compétents des Nations unies » afin qu'ils prennent, « conformément à la Charte des Nations unies, les mesures qu'ils jugent appropriées pour la prévention et la répression des actes de génocide ». Les États ne sont donc pas censés prendre de telles mesures seuls ni même au sein de groupes importants. L'OTAN n'a pas été conçue comme substitut à l'autorité juridique de l'ONU.

sera-t-il possible d'établir un quelconque ordre juridique ? Chaque nation sera-t-elle libre de juger ce qui est bien et mal ? À l'époque du conflit du Kosovo, Henry Kissinger a prévenu que « l'abandon brutal du concept de souveraineté nationale » risquait d'entraîner l'avènement d'un monde détaché de toute notion d'ordre, juridique ou autre. « Dès lors que se répandra la doctrine de l'ingérence universelle et que s'affronteront des vérités concurrentes, nous risquons de pénétrer dans un monde où, pour reprendre la formule de G. K. Chesterton, "la vertu tombe en quenouille [1]". »

Cependant, à l'époque, nombreux sont les Européens qui rejetèrent cet avertissement. Dans sa réponse à Kissinger, Cooper a prétendu que l'Europe postmoderne n'est « plus un terrain où s'affrontent des vérités concurrentes ». La fin de la guerre froide a engendré « un ensemble de valeurs communes en Europe », et ces valeurs communes ont rendu « viable l'intervention postmoderne, tant sur un plan moral que pratique, *dans le contexte européen* [2] ». En 1999, juste quatre ans avant la guerre d'Irak, les Européens pensaient que la légitimité internationale n'éma-

---

1. « The End of NATO as We Know It ? », *The Washington Post*, 15 août 1999, B7.
2. *The Breaking of Nations*, *op. cit.*, pp. 60-61. C'est nous qui soulignons. Il est clair que, hors du contexte européen, « l'intervention postmoderne » est une tout autre affaire.

nait pas exclusivement du Conseil de sécurité ni de la Charte des Nations unies, ni même des principes traditionnels du droit international, mais plutôt de valeurs morales partagées.

Certains experts de droit international ont soutenu que la guerre du Kosovo était peut-être légale si l'on se réfère à l'évolution d'une norme juridique internationale traitant les catastrophes humanitaires imminentes comme une exception à la règle de non-intervention. Mais il s'agit là d'une victoire de la morale sur le droit. La décision d'intervenir au Kosovo sans l'accord du Conseil de sécurité fait qu'un nombre relativement restreint de puissantes nations occidentales ont été seules à déterminer ce que devait être la justice internationale. Est-ce là un système fondé sur des règles ? Il importe de relever que, en 1999, lorsqu'elle a tiré ses conclusions morales, l'Europe n'a pas parlé « au nom des peuples ». La plupart des États d'Amérique latine, d'Afrique et du monde arabe ont alors vigoureusement protesté contre l'abrogation de la Charte des Nations unies au Kosovo, craignant sans doute à juste titre que le recours aux principes libéraux occidentaux de responsabilité morale soit un jour invoqué pour justifier une intervention à leur encontre. Ainsi, un clivage profond est apparu entre, d'un côté, les nations du Nord et de l'Ouest et, de l'autre, celles du Sud et de l'Est, et de surcroît, comme l'a relevé Michael Glennon, « sur le problème le plus fondamental qui soit, à savoir déterminer quand une intervention armée s'impose ». Ainsi, la guerre du Kosovo a au moins démontré que « si les règles de l'ONU prétendent représenter une conception mondiale unique – en fait, le droit universel – les membres de cette même organisation (sans parler de leurs populations) restent à l'évidence divisés pour ce qui touche à l'opportunité de l'usage de la force [1] ».

Glennon, qui est un expert juridique de renommée internationale, a déclaré que le principe de non-ingérence inscrit dans la Charte des Nations unies a été violé si souvent au cours des soixante dernières années qu'il n'a plus de valeur en droit international ; comme on dit en langage juridique, il est « tombé en désuétude ». Que l'on accepte ou non ce point de vue, une chose est sûre : quand les États-Unis et quelques-uns de leurs alliés sont entrés en guerre contre Saddam Hussein en mars 2003, le principe suivant lequel seul le Conseil de sécurité des Nations unies pouvait autoriser l'usage de la force n'avait pas été établi, et ce pas même par les Européens. Le secrétaire d'État Colin Powell pouvait bien prétendre – il l'a fait en octobre 2002 – que les États-Unis et leurs partisans étaient autorisés à intervenir en Irak... tout comme nous l'avons fait au

1. « Why the Security Council Failed », *Foreign Affairs*, vol. 82, lss. 3, mai-juin 2003.

Kosovo ». Ainsi que le remarque Glennon, « la Charte des Nations unies ne permet pas l'intervention humanitaire pas plus qu'elle ne permet la guerre préventive [1] ». En 2003, la France, l'Allemagne et d'autres pays européens ont donc exigé des États-Unis qu'ils observent une norme juridique internationale qu'eux-mêmes avaient ignorée, pour de bonnes raisons morales et humanitaires, à peine quatre ans plus tôt.

À mesure que la crise irakienne se précisait en 2002 et au début de 2003, de nombreux Européens ont tout simplement modifié leur conception du droit international et de la légitimité internationale. Certes, les experts en droit international ont œuvré pour l'établissement de nouveaux principes justifiant l'intervention humanitaire. Il reste que, sachant bien que de tels principes pouvaient être étendus à n'importe quelle situation, les dirigeants européens ont cherché à colmater toutes les brèches. C'est pourquoi ils se sont écartés des principes moralisateurs auxquels ils avaient recouru pour justifier la guerre au Kosovo et ont commencé à exiger une adhésion beaucoup plus stricte à la Charte des Nations unies. La *volte-face* [2] la plus frappante est celle de Joschka Fischer : face à l'invasion américaine de l'Irak, Fischer a rejeté catégorique-

1. « Why the Security Council Failed », art. cité.
2. En français dans le texte (*N.d.T.*).

ment l'idée qu'une intervention armée et la violation de la souveraineté d'un pays puissent *jamais* être justifiées, même « en cas de violations patentes des droits de l'homme ». Si l'intervention dans les affaires d'un autre pays devait devenir « le nouveau principe », a prévenu Fischer, en écho aux mêmes arguments avancés par Kissinger en 1999, « il y a de nombreux candidats... Quand [ce principe] s'appliquera-t-il ? Qui en déterminera la légitimité [1] ? ». Questions toutes fort pertinentes. Mais elles l'étaient aussi en 1999.

L'application par les Européens de critères différents dans le cas du Kosovo et dans celui de l'Irak révèle plus qu'un simple désir de défendre les principes du droit international et de consacrer la primauté du Conseil de sécurité. À présent, Javier Solana répète que les exigences de l'Europe concernant « une approche fondée sur des règles » dans la conduite des affaires internationales ne sont « pas une ruse pour contraindre les États-Unis [2] », mais à l'évidence c'est au moins en partie cela.

Il faut considérer la controverse suscitée par l'invasion américaine de l'Irak à la lumière de cette histoire récente. Le secrétaire général des

1. Interview, *Die Zeit*, 8 mai 2003.

2. « The Future of Transatlantic Relations : Reinvention or Reform ? », art. cité.

Nations unies Kofi Annan a dénoncé « l'usage illégal de la force[1] » par les États-Unis. Pourtant, il y a quatre ans, Annan lui-même a fait de l'intervention humanitaire un noble principe qui place les préoccupations humanitaires au-dessus des vénérables traditions juridiques internationales[2]. Jacques Chirac a accusé les États-Unis d'avoir « sapé le système multilatéral », et souligné que « personne ne peut tolérer l'anarchie d'une société sans règles[3] ». Mais il était disposé à bafouer ces règles pour sauver du massacre les Albanais du Kosovo. Les Européens rétorqueront que les situations du Kosovo et de l'Irak sont différentes. Ce qui est parfaitement vrai. Mais tout ordre international « fondé sur des règles » se doit d'appliquer les mêmes ensembles de règles à des situations différentes. Si tel n'est pas le cas, on retombe dans un monde où les États déterminent seuls ou en groupe si la guerre est justifiée ou non, en fonction de leur propre morale et de leur propre conception de la justice et de l'ordre.

Tel est en fait le monde dans lequel nous vivons, et d'ailleurs le seul dans lequel nous ayons

1. Dana Milbank, « At UN, Bush is criticized over Iraq », *The Washington Post*, 24 septembre 2003, A1.

2. Voir Kofi A. Annan, « Two Concepts of Sovereignty », *The Economist*, 18 septembre 1999.

3. Dana Milbank, « At UN, Bush is criticized over Iraq », art. cité.

jamais vécu. C'est un monde où, persuadé qu'il a toujours raison, le fort impose aux autres sa vision de la justice. Cette réalité toute simple de la vie internationale est souvent résumée de manière simpliste par la formule « la raison du plus fort est toujours la meilleure ». Mais toutes les prétentions en matière de justice et de morale ont-elles la même valeur ? Qu'il réside en Europe ou aux États-Unis, le libéral moderne ne le croit pas et ne peut pas le croire car le libéralisme repose sur la conviction que la justice et la morale consistent à protéger les droits de l'individu, sans quoi il est lui-même vidé de son sens. Durant la Seconde Guerre mondiale, les prétentions des démocraties alliées en matière de justice et de morale étaient plus fondées que celles de l'Allemagne hitlérienne ou de l'Empire nippon. De même, au cours de la guerre froide, les prétentions de l'Ouest libéral dans ce domaine étaient plus fortes que celles du bloc soviétique. Pendant la guerre du Kosovo, ce sont les prétentions de l'OTAN qui l'emportaient sur celles de Slobodan Milosevic et de la Russie d'Eltsine. D'où l'on peut tirer la conclusion suivante : un monde sans norme universelle de droit international n'est pas nécessairement un monde dépourvu de morale et de justice. En vérité, dans le monde réel, une application trop rigide des principes du droit international peut être une entrave à la poursuite de la morale et de la justice, comme l'ont reconnu les Européens dans l'affaire du Kosovo.

Aujourd'hui, la plupart des Européens et quelques Américains prétendent que, en envahissant l'Irak sans le consentement du Conseil de sécurité, les États-Unis ont « porté atteinte à la substance même de l'ordre international ». Mais, s'il y a jamais eu un ordre du type qu'ils décrivent, alors les Européens eux aussi l'ont mis à mal en 1999. De fait, la substance de cet ordre international auquel nous aspirons n'a pas encore vu le jour.

Le but ici n'est pas de dénoncer les contradictions des Européens. S'ils ont pu jouer sur une certaine flexibilité dans la définition qu'ils ont donnée de la « légitimité » au cours de ces dernières années, c'est qu'il s'agit là d'un concept mouvant et vraiment difficile à cerner. La mise au jour de ce qui constitue la légitimité à un moment quelconque de l'histoire est un art, pas une science réductible à la lecture de documents juridiques internationaux. S'agissant du libéralisme moderne, le Kosovo, l'Irak et un nombre considérable d'autres crises internationales récentes ont montré que la légitimité bute en permanence sur un dilemme fondamental inhérent à la fois au libéralisme et à l'internationalisme libéral.

Le problème vient de ce que la vision libérale moderne du progrès dans les affaires internationales a toujours été ambivalente[1]. D'une part, depuis le siècle des Lumières, le libéralisme nourrit une conception de la paix mondiale fondée sur un renforcement constant du système juridique international. Toutefois, la réussite d'un tel système est liée à la reconnaissance de l'inviolabilité de l'égalité souveraine de toutes les nations, qu'elles soient petites ou grandes, démocratiques ou tyranniques, humaines ou barbares. En effet, comme l'ont fait observer Grotius, Hans Morgenthau et beaucoup d'autres, aucune législation internationale ne saurait s'imposer si un État se permet de violer la souveraineté d'un autre État afin d'y propager la démocratie, les droits de l'homme ou toute autre valeur morale.

D'autre part, le libéralisme moderne est aussi très attaché aux droits et aux libertés individuels, et a défini le progrès humain en termes de protection sans cesse accrue de ces droits et libertés à travers le monde. Cependant, en l'absence d'une soudaine mutation démocratique et libérale à l'échelle mondiale, cet objectif ne peut être atteint qu'en contraignant les régimes tyranniques ou barbares à se comporter de façon plus démocratique et plus humaine, et ce en usant

---

1. L'exposé suivant sur le libéralisme et le droit international doit beaucoup au travail de Thomas L. Pangle et Peter J. Ahrensdorf dans leur ouvrage *Justice Among Nations : On the Moral Basis of Power and Peace*, Lawrence, Kansas, 1999.

parfois, comme au Kosovo, de la force. Les libéraux pensent aussi, au moins depuis Kant et Montesquieu, que les régimes tyranniques sont en général plus agressifs et plus belliqueux, de sorte que la paix mondiale repose en fin de compte moins sur le droit que sur l'extension du libéralisme politique et commercial[1]. Même les libéraux modernes de tendance plus pragmatique considèrent que l'ingérence est, dans certains cas, légitime et appropriée. Ainsi, après les atrocités de la Révolution française, Edmund Burke déclarait : « Il n'est pas d'idée plus pernicieuse que celle consistant à prétendre que toute forme de cruauté, de violence et d'oppression peut régner dans un pays, que les révoltes les plus abominables, les plus cruelles et les plus meurtrières peuvent s'y déchaîner, que la tyrannie la plus atroce et la plus sanglante peut y prévaloir, et qu'aucun pays voisin ne peut en prendre connaissance et voler au secours des pauvres victimes. » Selon Burke, les Anglais devraient être les derniers à défendre le principe de non-ingérence car leur pays a fondé « ses lois et ses libertés... sur le principe opposé[2] ».

1. Selon Kant et Montesquieu, la paix dépend essentiellement du développement du commerce entre nations libérales qui seront alors moins tentées de se combattre.

2. Lettre à lord Grenville en date du 18 août 1792, in Harvey C. Mansfield Jr., *Selected Letters of Edmund Burke*, Chicago, 1984 ; Pangle & Ahrensdorf, *Justice Among Nations*, pp. 184-185.

Revenant sur le Kosovo, le génocide du Rwanda et d'autres crises, Kofi Annan a bien défini la crise de légitimité à laquelle doit faire face le libéral moderne. « D'un côté, déclare-t-il, est-ce légitime qu'une organisation régionale recoure à la force sans mandat de l'ONU ? De l'autre, est-ce tolérable de permettre que des violations flagrantes et systématiques des droits de l'homme, ayant des conséquences humanitaires graves, puissent se commettre en toute impunité ? » Annan a qualifié l'impuissance de la communauté internationale « à concilier ces deux intérêts primordiaux » de « tragédie ». Mais le secrétaire général des Nations unies lui-même n'a pas trouvé d'autre réponse à ce dilemme que d'en appeler à la « communauté internationale » pour qu'elle trouve un « consensus » [1].

Cependant, à cause de la tension entre ces deux visions libérales, la définition de ce qui constitue la légitimité internationale prêtera toujours à discussion au sein du monde libéral, démocratique. En théorie, la vision kantienne de la « paix éternelle » résolvait le problème en posant que toutes les nations du système international imaginé par le philosophe étaient des républiques libres et libérales. Mais, dans la pratique, la Charte des Nations unies a ignoré la prescription de Kant et consacré l'« égalité souveraine de tous leurs

1. In « Two Concepts of Sovereignty », art. cité.

membres, quelle que soit la nature de leur gouvernement[1] ». Par conséquent, l'actuelle structure juridique internationale n'est pas et ne peut pas, à l'évidence, être conforme à l'objectif du libéralisme qui est d'améliorer la condition et de garantir les droits de tous. Comme le relève Robert Cooper, les Nations unies ont été conçues « pour préserver le *statu quo* et non pour créer un ordre nouveau[2] ».

Tous les libéraux modernes sont confrontés à ce dilemme. Pour les Européens, la situation est particulièrement ardue car l'Europe elle-même est la concrétisation du modèle kantien. En effet, dépassant l'ordre westphalien, elle est entrée dans l'ordre supranational postmoderne. Paradoxalement, alors que de nombreux Européens font de la légitimité internationale une stricte obédience à la Charte des Nations unies et au Conseil de sécurité, l'Union européenne transcende cette focalisation exclusive de l'ONU sur la souveraineté nationale. Le cœur du problème, c'est l'ingérence. En tant que confédération d'États libres, l'UE représente davantage l'accomplissement de la vision libérale de Kant que celui de la vision de Grotius. Comme le souligne Cooper, le « nouvel ordre européen postmoderne

1. Voir Fukuyama, *The End of History and the Last Man*, *op. cit.*, pp. 281-282.
2. *The Breaking of Nations*, *op. cit.*, p. 58

est fondé sur des idées radicalement différentes » de celles qui ont servi de fondement aux Nations unies [1]. À l'époque de la guerre du Kosovo, Tony Blair avait soutenu que l'Europe devait lutter « pour un nouvel internationalisme où la répression sauvage des groupes ethniques ne sera plus tolérée [et] pour un monde où les auteurs de crimes n'auront plus de sanctuaire [2] ». S'il s'agit là du « nouvel internationalisme », alors le « vieil internationalisme » de la Charte des Nations unies est bien mort. Les Européens vont devoir choisir la version qu'ils entendent vraiment suivre. Mais, qu'ils le fassent ou pas, il leur faudra reconnaître l'existence de deux voies divergentes.

Si les États-Unis sont en quête de légitimité, vers laquelle de ces deux visions libérales devraient-ils tendre ? Dans le passé et jusqu'à ce jour, ils ont toujours été moins divisés sur cette question que ne le sont aujourd'hui les Européens. Naturellement, traditionnellement et idéologiquement ils ont toujours cherché à pro-

1. *The Breaking of Nations*, *op. cit.*, p. 58.

2. Discours prononcé devant les Chambres de commerce de Chicago en septembre 1998 ; Robert Cooper, *The Breaking of Nations*, *op. cit.*, pp. 59-60. Par ailleurs, dans leurs infractions à la souveraineté nationale, les Européens ne se sont pas limités à leur propre continent. Le Tribunal pénal international, dont les gouvernements européens se sont faits les champions, autorise à agir contre les dirigeants et responsables d'autres pays, même lorsque ces derniers n'ont pas ratifié le traité.

mouvoir les principes libéraux sans se soucier des subtilités westphaliennes. Comme l'Angleterre de Burke, les États-Unis doivent leur existence, leurs « lois et libertés », au principe d'ingérence. Par ailleurs, ils ne dépendent pas d'un système de lois internationales comme l'Union européenne qui est elle-même une structure de ce type. Aussi ne faut-il pas s'étonner que, malgré leur rôle dans la création des Nations unies et dans la rédaction de leur Charte, les États-Unis n'aient jamais pleinement accepté la légitimité de l'ONU et surtout pas la doctrine de l'inviolabilité de l'égalité souveraine de toutes les nations inscrite dans sa charte. En effet, l'Amérique a toujours été férocement jalouse de sa propre souveraineté mais, tout au long de la guerre froide et, de fait, durant toute son histoire, elle s'est beaucoup moins préoccupée de la souveraineté nationale des autres nations, se réservant le droit d'intervenir partout et n'importe où – de l'Amérique latine et des Caraïbes à l'Afrique du Nord et au Moyen-Orient, du Pacifique sud à l'Asie de l'Est et enfin, au XXe siècle, en Europe même. De surcroît, bien qu'elle soit aussi capable que toute autre nation de tenir par intérêt des propos hypocrites, elle a toujours justifié son intervention au nom de la défense du libéralisme et de son expansion. Durant la guerre froide, et au grand désarroi de penseurs et d'hommes d'État réalistes, de Morgenthau et Kennan à Kissinger, les Américains n'ont jamais acquiescé à la légitimité de l'Union soviétique et ont toujours cherché des moyens de la saper de l'intérieur et de l'extérieur, au risque même de créer une instabilité mondiale. À leurs yeux, un « empire du mal » ne saurait avoir de légitimité ni de droits inviolables en tant qu'État souverain.

À cet égard, l'Amérique est et a toujours été une puissance révolutionnaire, bousculant parfois sans le vouloir mais avec obstination le *statu quo* partout où son influence s'est étendue. De la génération des Pères fondateurs à nos jours, elle a toujours considéré que les tyrannies étrangères étaient transitoires, destinées à céder devant les forces du républicanisme libérées par sa propre révolution. Même les dictatures alliées lui sont apparues par essence illégitimes[1]. Quant aux tyrannies hostiles, elles ont toujours été considérées comme un gibier à pourchasser. Et si la plupart des Américains ont oublié l'impact révolutionnaire que leur pays a exercé sur le monde, le reste du monde, lui, s'en souvient. En 1817, écrivant de Londres, John Quincy Adams observait : « Face à la croissance prodigieuse de notre population et de notre puissance, l'Europe est

1. Longue est la liste des dictateurs « amis » qui ont fini par être renversés avec la connivence des États-Unis. Citons le sort de Ferdinand Marcos, d'Anastasio Somoza, de Manuel Noriega et de la junte militaire de Corée du Sud, pour ne citer que quelques cas.

unanimement persuadée que nous deviendrons, à condition de rester unis, un membre particulièrement dangereux de la société des nations[1]. » Au début du XIXe siècle, des conservateurs européens comme Metternich ont craint que l'onde de choc de la Révolution américaine, et du soulèvement français qu'elle aida à déclencher, ne se propage et n'engloutisse irrémédiablement leurs institutions et leur société. Aujourd'hui, ce sont les forces conservatrices du monde musulman – les intégristes militants – qui s'effraient et cherchent à repousser l'influence corrosive de l'Amérique. Quant aux Européens, absorbés par la mise en œuvre de changements radicaux sur leur propre continent, ils veulent que le reste du monde soit stable et sans surprise. Pour eux, les États-Unis sont à nouveau devenus un membre dangereux de la société des nations.

1. Lettre à William Plumer, 17 janvier 1817, in *Writings of John Quincy Adams*, Worthington Chauncey Ford, éd., vol. VI, New York, 1968, p. 143 ; Lockey, *Pan-Americanism*, p. 159.

Adieu Westphalie

Pour les Européens, le danger réside dans ce qu'il est convenu d'appeler la doctrine Bush et sa déclaration de guerre à l'« axe du mal » à l'échelle mondiale. De nombreux Européens et quelques Américains disent avoir été choqués par l'intention affichée des États-Unis de provoquer des « changements de régime » dans les pays aux mains de despotes et, si nécessaire, aux dépens du droit international et de la Charte des Nations unies. Mais, à la lumière de l'histoire de l'Amérique, surtout au cours du dernier demi-siècle, il ne saurait rien y avoir de moins choquant. Telle qu'elle se présente, la doctrine Bush est une émanation directe de la tradition américaine libérale, révolutionnaire. Peut-on imaginer que Harry Truman et Dean Acheson, John F. Kennedy et Ronald Reagan, ou d'ailleurs Theodore Roosevelt, Woodrow Wilson, Franklin Roosevelt ou même Bill Clinton auraient rejeté l'idée qu'il faut chasser par la force des tyrans menaçants du tiers monde, avec ou sans autorisation du Conseil de sécurité [1] ? Les États-Unis ont plusieurs fois renversé des régimes tyranniques avec moins de provocation, et moins de raisons manifestes. Si la vision libérale de la garantie des droits de tous les peuples est contraire aux traditions juridiques internationales et aux principes du Conseil de sécurité, il ne faut point s'étonner qu'un pays libéral tel que les États-Unis soit encore plus enclin à laisser de côté contraintes juridiques et institutionnelles lorsqu'il s'agit de défendre ses propres citoyens et son propre territoire contre des dictateurs disposant d'arsenaux meurtriers.

De nos jours, le problème de la légitimité est devenu beaucoup plus complexe parce que l'avènement d'une ère multipolaire coïncide avec deux autres développements historiques nouveaux, à savoir la prolifération croissante des armes de destruction massive et l'intensification du terrorisme international. C'est la réaction de Bush à ces phénomènes, y compris la doctrine dite de l'action préventive, qui a soulevé le plus grand tollé de part et d'autre de l'Atlantique [2].

---

1. De fait, Bill Clinton a soutenu, en juillet 2003, qu'il était normal de provoquer « un changement de régime » en Irak si Saddam Hussein ne désarmait pas. Interview sur CNN, 22 juillet 2003.

2. L'expression « action préventive » ne rend pas bien compte de la doctrine de l'administration Bush car elle suppose une prise de mesures contre un pays ou un groupe sur le point de frapper. En réalité, l'« action préventive », c'est

De nombreux Européens et beaucoup d'autres à travers le monde soulignent que la détermination des Américains à se lancer dans une action préventive est le meilleur exemple du mépris de cette superpuissance pour le droit international et l'ordre international, le symbole même de la nouvelle illégitimité de l'Amérique. « Jusqu'à présent, affirme le secrétaire général Kofi Annan, il a été entendu que, lorsque un État va au-delà [de l'autodéfense immédiate], et décide de recourir à la force pour contrer un danger plus large menaçant la paix et la sécurité internationales, il ne peut le faire qu'investi de la seule légitimité conférée par les Nations unies. » La « logique » même de la guerre préventive est donc un défi fondamental aux principes sur lesquels reposent, bien ou mal, depuis cinquante-huit ans la paix et la stabilité du monde[1]. Laissons de côté pour le moment la version que donne Annan de l'histoire de la guerre froide, avec ses assertions erronées suivant lesquelles Américains et Européens ont

---

ce que l'administration Bush a fait en Irak, intervenir avant même que la décision de frapper ait été prise par une puissance potentiellement hostile, et peut-être bien avant. C'est cet aspect de l'affaire qui pose le plus de problèmes du point de vue juridique international traditionnel. Pour les besoins du présent essai, je parlerai de guerre « préventive ».

1. Dana Milbank, « At UN, Bush is criticized over Iraq », art. cité.

accepté la « seule légitimité » des Nations unies au cours de toutes ces décennies, ou même en 1999. Il est en effet plus intéressant de s'interroger sur les nouvelles circonstances internationales qui ont contraint non seulement les États-Unis mais aussi les Européens et Kofi Annan lui-même à remettre en cause les principes du droit international traditionnel et les définitions habituelles de la « légitimité ».

Le concept de guerre préventive n'est bien sûr pas nouveau. Comme l'observe Robert Cooper, la notion de guerre préventive de l'administration Bush n'est pas fondamentalement différente de « l'ancienne doctrine britannique suivant laquelle une seule puissance ne saurait être autorisée à dominer le continent européen, principe qui servit de justification, à la fin du XVIIe siècle, au déclenchement de la guerre de Succession d'Espagne [1] ». À l'ère moderne, le concept de prévention n'est pas non plus novateur. Lors de la crise des missiles cubains, John F. Kennedy a menacé de se lancer dans une action préventive. Au milieu des années 1980, après le bombardement d'une caserne de Marines à Beyrouth, le secrétaire d'État George P. Schultz a publiquement réclamé une doctrine d'action préventive contre le terrorisme international – et, faut-il ajouter, sans provoquer en Europe de tollé.

1. *The Breaking of Nations*, *op. cit.*, p. 64.

En outre, bien avant que l'administration Bush ait défini une politique de guerre préventive en 2002, de plus en plus de voix se sont élevées aux États-Unis et même en Europe pour affirmer que l'action préventive pouvait parfois être nécessaire afin de faire face aux nouvelles menaces internationales, même si une telle action bafouait les règles traditionnelles du droit international et les principes du système westphalien. Aux États-Unis, c'est le célèbre théoricien libéral de la guerre juste, Michael Walzer, qui a soutenu en 1998 que les arguments juridiques traditionnels contre la guerre préventive prenaient une tournure « différente quand le danger est posé par des armes de destruction massive, qui sont développées en secret, et qui peuvent être activées à tout moment, sans sommation, avec des conséquences catastrophiques ». Selon Walzer qui pensait à l'Irak, en pareilles circonstances non seulement une action préventive mais aussi « une action unilatérale » sans autorisation du Conseil de sécurité seraient toutes deux « légitimes ». Le « refus par une majorité à l'ONU de recourir à la force » n'était pas « une raison suffisante pour empêcher l'usage de la force par un autre membre ayant la capacité d'y recourir ». Et Walzer de conclure que, si les Américains ne sont pas prêts parfois à « agir unilatéralement », alors cela veut dire que « nous ne sommes pas prêts pour la vraie vie dans la société internationale[1] ».

À l'autre extrémité du spectre politique, Henry Kissinger, ardent défenseur des principes de la souveraineté nationale, de la non-ingérence et du caractère sacré du système westphalien, a néanmoins affirmé qu'il fallait désormais mettre de côté ces principes afin de pouvoir affronter les nouvelles circonstances internationales. Ainsi, avant l'invasion de l'Irak, il a déclaré que « le régime international issu du traité de Westphalie était fondé sur le concept d'un État-nation imperméable et d'une technologie limitée qui permettaient en général à un pays de courir le risque d'attendre une provocation sans équivoque ». Cependant, depuis la fin de la guerre froide, « la menace terroriste transcende l'État-nation », et la prolifération d'armes de destruction massive a rendu cette attente trop risquée[2]. Lorsque Henry Kissinger fait une telle déclaration, cela signifie que le système westphalien est mort. De fait, les dangers concomitants que représentent la prolifération des armes et le terrorisme contraignent beaucoup de gens à réévaluer la légalité et la légitimité du recours à l'action préventive. Certes,

1. « The Hard Questions : Lone Ranger », *The New Republic*, 27 avril 1998.

2. « Iraq Poses Most Consequential Foreign Policy Decision for Bush », *Los Angeles Times*, 8 août 2002.

Javier Solana insiste sur le fait que « la lutte contre le terrorisme international... doit être menée dans le respect des règles du droit international ». Mais cela est-il possible sans modification importante de ces mêmes règles[1] ? Robert Cooper, qui se trouve être l'un de ses principaux conseillers, reconnaît que, dans un monde où prolifèrent les armes de destruction massive, « le respect de normes bien établies et le principe d'autodéfense ne permettront pas de résoudre le problème[2] ». Enfin, Kofi Annan lui-même a proposé que les membres de l'ONU commencent à envisager « des critères pour l'autorisation rapide de mesures coercitives afin de faire face à certains types de menaces, par exemple celle posée par des groupes terroristes disposant d'armes de destruction massive[3] ». Selon Annan, si les États-Unis craignent pour leur sécurité et veulent engager une action préventive, ils peuvent demander au Conseil de sécurité l'autorisation d'effectuer une frappe préventive. Quelles que soient les difficultés que pose son application pratique, cette proposition a au moins le mérite de mettre au jour une vérité profonde concernant les attitudes internationales en matière de prévention. Le vrai

1. Glenn Kessler, « Bush : Israel Must Defend Itself », *The Washington Post*, 7 octobre 2003, A 19.

2. *The Breaking of Nations*, *op. cit.*, p. 64.

3. Discours prononcé devant l'Assemblée générale des Nations unies le 22 septembre 2003.

problème n'est peut-être pas l'action préventive en soi mais plutôt de savoir qui l'entreprend et qui décide de l'endroit et du moment pour une action de ce type. Dans ce cas comme dans beaucoup d'autres, les Européens réprouvent non point tant les initiatives américaines que l'« unilatéralisme » qui les caractérise à leurs yeux. En réalité, le différend sur la guerre préventive n'est qu'une récapitulation du dilemme central de l'unipolarité : comment faire pour contrôler la seule superpuissance ?

Que faut-il entendre par « multilatéralisme » ?

La plupart des Européens conviendraient volontiers que, si les États-Unis veulent disposer d'une légitimité internationale pour tout recours à la force, il leur faut se garder d'agir « unilatéralement » et mener une politique étrangère fondée sur le « multilatéralisme ». Et la plupart des Américains seraient sans doute enchantés de ces propos – à condition de ne pas trop chercher à comprendre ce que les Européens entendent par là. En effet, pour une majorité d'Américains, une politique « multilatérale » est celle qui sollicite activement et recueille le soutien des alliés et, même pour ceux qui se réclament du « multilatéralisme », une autorisation du Conseil de sécurité est toujours souhaitable mais jamais indispensable. N'oublions pas : « multilatéral si possible, unilatéral si nécessaire ». Il s'agit donc là d'un moyen pour obtenir le soutien des alliés mais non d'une fin en soi.

En revanche, quand les Européens parlent aujourd'hui de « multilatéralisme », ce terme prend un tour beaucoup plus formel et légaliste. À leurs yeux, il renvoie à la nécessité d'obtenir une autorisation légitime auprès d'organismes internationaux dûment constitués avant toute action, démarche qui constitue donc un préalable indispensable à la mise en train d'une quelconque initiative. Un sondage récent a montré qu'une majorité d'Américains sont favorables à un contournement du Conseil de sécurité si les « intérêts vitaux » du pays sont menacés. Mais, dans le même sondage, les Européens se sont prononcés massivement pour le respect de la décision du Conseil même s'il faut sacrifier pour cela les intérêts vitaux de leur pays [1].

C'est du moins ce qu'ils disent aujourd'hui après la guerre d'Irak. Mais en 1999, lors de l'affaire du Kosovo, ils étaient d'un avis différent. Une fois de plus, on constate que, même si l'on se place dans la perspective européenne pointilleuse et légaliste, toute tentative d'assimilation pure et simple de la légitimité internationale au « multilatéralisme » échoue sur les mêmes sables mouvants que toutes les autres définitions générales de ce terme. Que faut-il donc entendre par « multilatéralisme » ? S'il n'implique pas une stricte obédience au Conseil de sécurité de l'ONU

1. Voir *Transatlantic Trends 2003, op. cit.*

– ce qui est advenu en 1999 –, ce concept devient alors insaisissable.

Pourquoi exactement l'action américaine en Irak a-t-elle été qualifiée d'« unilatérale » ? Après tout, en mars 2003, les États-Unis n'ont pas envahi seuls ce pays mais avaient à leurs côtés un certain nombre de partenaires internationaux, y compris des membres de l'Union européenne aussi éminents que la Grande-Bretagne, l'Espagne et la Pologne. D'une certaine manière, donc, l'initiative américaine était bien « multilatérale », même sans autorisation de l'ONU, tout comme l'a été la guerre au Kosovo malgré le manque d'approbation du Conseil de sécurité. D'autre part, les Européens n'auraient pas non plus stigmatisé de la sorte l'action américaine si la France, l'Allemagne et la Grande-Bretagne avaient toutes accepté de soutenir la guerre mais que la Russie et la Chine s'y étaient opposées – comme ils se sont d'ailleurs abstenus de qualifier leur propre intervention au Kosovo d'« unilatérale » simplement parce que la Russie et une majorité d'États du tiers monde l'avaient condamnée. Villepin reconnaît que « certaines grandes puissances du Sud » étaient contre la guerre au Kosovo. Pour lui, cette initiative était néanmoins justifiée à cause du « large soutien » dont elle jouissait en Europe[1]. Comme l'indique

1. « Le droit, la force et la justice », art. cité.

Cooper, les Européens ont considéré que, fondé comme il l'était sur une histoire et des valeurs européennes communes, le soutien quasi unanime de cette guerre suffisait à la rendre légitime. Reste à savoir s'il convient de définir la légitimité internationale en termes de plus ou moins grande adhésion des Européens à un projet.

Dans le cas de l'invasion américaine de l'Irak, les Européens ont, en matière de légitimité, placé très haut la barre. Dans son fameux discours de février 2003 devant le Conseil de sécurité, Dominique de Villepin a déclaré que « l'autorité de notre action » devait être fondée « sur l'unité de la communauté internationale[1] ». Mais qu'est-ce que cela veut dire ? Villepin entendait-il par là qu'aucune action ne pouvait jamais être entreprise sans le consentement unanime de la communauté internationale tout entière ? Ou bien le mot « unité » fait-il partie de ces vocables auquel il convient de donner un sens assez vague ? Les États-Unis bénéficiaient, pour leur guerre en Irak, du soutien de dizaines d'États mais, selon Villepin et beaucoup d'autres Européens, le nombre était insuffisant. Un certain nombre magique de nations favorables est-il donc requis pour qu'une action devienne légitime ? Ou bien la qualité des alliés compte-t-elle plus que la quantité pour qu'il y ait « multilatéra-

1. Déclaration du 14 février 2003.

lisme » ? La France, par exemple, vaut-elle plus que l'Espagne ? Pour Javier Solana, « la légitimité découle de l'instauration d'un large consensus international. Mais que faut-il entendre par "large" ? Et qui décidera que le seuil critique a été atteint [1] ? ». Les réponses à ces questions sont nécessairement subjectives et elles le sont beaucoup trop pour servir d'appui à un ordre international quelconque « fondé sur des règles ».

Il est difficile de nier que, lorsqu'ils qualifient l'intervention américaine en Irak d'« unilatérale », Européens et Américains ne font pas allusion à l'insuffisance de soutien international. Ce qu'ils veulent dire vraiment, c'est que le soutien européen n'a pas été assez large. Le problème n'était pas l'opposition de la Russie et de la Chine – après tout, quand les uns et les autres se sont-ils jamais préoccupés de cet aspect des choses ? Ce n'était pas non plus l'opposition de la vaste majorité des pays d'Afrique, d'Amérique latine et du Moyen-Orient. Pendant une grande partie du siècle dernier, de très nombreux États dans le monde ont manifesté leur hostilité à l'encontre de diverses politiques américaines, et d'ailleurs européennes, sans pour autant déclencher en Occident une crise de légitimité. Non, ce que les détracteurs de l'action américaine en Irak enten-

1. « The Future of Transatlantic Relations : Reinvention or Reform ? », *Progressive Governance*, art. cité.

dent par « unilatéralisme », c'est l'absence de ralliement généralisé des alliés européens traditionnels, et surtout la défection spectaculaire de la France et de l'Allemagne.

L'administration Bush a été taxée d'« unilatéralisme » non pas parce qu'elle a perdu le soutien de Moscou, Pékin, Sao Paulo, Kuala Lumpur et de dizaines d'autres capitales, mais parce que Paris et Berlin lui ont tourné le dos.

De surcroît, ce que les détracteurs de l'« unilatéralisme » américain fustigent vraiment, ce n'est pas le fait que les États-Unis aient agi seuls mais plutôt qu'ils n'aient pas voulu accepter une quelconque tutelle, pas même celle de leurs plus proches alliés. Pour Paris et Berlin, ils ont fait preuve d'« unilatéralisme » parce que aucun État européen n'a pu exercer sur eux de véritable influence. Comme l'a observé avec une désarmante naïveté Joschka Fischer : « La question qui se pose à présent est la suivante : que va-t-il advenir des Européens étant donné la position dominante des États-Unis ? Seront-ils en mesure de déterminer leur propre destin ou leur faudra-t-il simplement mettre en œuvre ce qui a été décidé ailleurs ? » Bien sûr, concède-t-il, Espagnols et Britanniques ont soutenu les États-Unis en Irak mais « la question décisive » est de déterminer si ces pays « peuvent avoir ou ont jamais eu une quelconque influence sur eux [1] ». Ainsi, même s'il

1. *Die Zeit*, 8 mai 2003.

y avait cent pays aux côtés de l'Amérique, et même si les trois quarts des États européens soutenaient son action, c'est la perte d'influence sur elle qui rend sa politique « unilatérale ».

C'est pourquoi de nombreux Européens ont jugé si critiquables les allusions de Bush aux « coalitions de volontaires » comme futur instrument de politique étrangère en remplacement d'alliances institutionnalisées telles que l'OTAN. L'idée que « la mission détermine la coalition » libère les États-Unis de toute obligation et de l'influence européenne, même si certains Européens font partie de ladite coalition. C'est également pour cette raison que de nombreux Européens ont trouvé si inquiétants les propos américains sur la « vieille » et la « nouvelle » Europe et y ont vu l'expression d'une stratégie consistant à diviser pour conquérir, une façon de réduire encore plus l'influence d'une Europe unie, à supposer que celle-ci devienne jamais réalité.

Comme l'a dit Javier Solana, « la plupart d'entre nous préféreraient être qualifiés d'"allié" ou de "partenaire" plutôt que d'"instrument" » dans une boîte à outils. Si les États-Unis acceptent une nouvelle fois de se considérer solidaires de leurs alliés européens, indique Solana, les Européens leur apporteront en échange le soutien et la légitimité dont ils ont besoin. « Traitez vos amis comme des alliés et ils se comporteront en alliés, soutient Solana depuis la guerre d'Irak.

Ce sont eux qui peuvent reconnaître et légitimiser le leadership[1]. » Et bien que Solana de nouveau insiste sur le fait que, en demandant d'être traités de la sorte, les Européens ne cherchent pas à exercer « *de facto* un droit de veto sur les initiatives américaines », il va sans dire que tel est leur objectif. Personne ne peut les blâmer de vouloir se doter d'un tel moyen de pression. Il reste que, lorsqu'on en a fait le tour, la crise de légitimité actuelle ne porte pas seulement sur des règles de droit ni même sur l'autorité suprême du Conseil de sécurité de l'ONU. Elle est aussi, dans une large mesure, la résultante d'une lutte d'influence transatlantique, la réaction de l'Europe au mauvais pas unipolaire.

1. « The Future of Transatlantic Relations : Reinvention or Reform ? », art. cité.

La légitimité du libéralisme

Dans ces conditions, il serait tentant pour les Américains de qualifier de ruse et d'imposture toute cette affaire de légitimité. Durant la campagne présidentielle de l'an 2000, la conseillère en politique étrangère de George Bush, Condoleeza Rice, a raillé le fait, imputé à l'administration Clinton, que « le soutien d'un grand nombre d'États – voire mieux, d'institutions comme les Nations unies – soit indispensable à l'exercice légitime du pouvoir ». Mais, comme il est apparu, l'administration Bush elle-même a éprouvé le besoin de solliciter l'approbation des Européens pour son action, et là où les Européens ont tenu à débattre du problème, à savoir au Conseil de sécurité de l'ONU. Peut-être cette administration n'avait-elle pas besoin de la France et de l'Allemagne, mais elle a estimé qu'il lui fallait au moins obtenir le soutien de la Grande-Bretagne. Pourquoi ? Ce n'est certes pas parce que les troupes britanniques constituaient un atout majeur pour la réussite de la guerre en Irak. Comme l'a bien compris l'entourage de Bush, c'est le vernis de la légitimité internationale apporté par le soutien de Blair qui importait, une légitimité à laquelle la population américaine tenait beaucoup et qu'elle jugeait nécessaire. Il reste que l'administration Bush a pâti de ne pas avoir réussi à obtenir un soutien unanime de l'Europe et donc une plus grande légitimité internationale pour l'invasion de l'Irak. Et elle en a pâti autant à l'intérieur que sur la scène internationale.

Les États-Unis ont de bonnes raisons de chercher l'approbation des Européens, des raisons qui n'ont rien à voir avec le droit international, le pouvoir du Conseil de sécurité et la « substance de l'ordre international » à ce jour inexistante. Si l'Europe compte, c'est parce qu'elle reste, avec les États-Unis, le cœur du monde démocratique libéral. En raison de leur essence démocratique et libérale, les Américains ne peuvent ignorer les craintes, les préoccupations, les intérêts et les exigences des autres démocraties libérales qui leur sont proches. La politique étrangère américaine sera poussée par le libéralisme qui caractérise le pays à rechercher une plus grande harmonie avec l'Europe, sous réserve bien sûr que les Européens veuillent et puissent créer les conditions d'une telle harmonie.

Dans le cas contraire, les États-Unis se trouveront en difficulté car on voit mal comment ils pourraient fonctionner efficacement sur la durée sans le soutien moral et l'approbation du monde démocratique. Cela n'est pas imputable aux raisons habituellement citées. Si la plupart des partisans américains du « multilatéralisme » se sont focalisés sur la nécessité d'une coopération matérielle avec les alliés, c'est le besoin de disposer d'une légitimité internationale, c'est-à-dire de l'approbation du monde démocratique libéral, qui contribuera en dernier ressort de manière décisive à déterminer la ligne de conduite des États-Unis [1]. Ce pays peut-il matériellement faire cavalier seul ? La question reste posée. Il est certain que, sur le plan militaire, il a les moyens de se débrouiller seul et le fait déjà, même quand les Européens sont massivement à ses côtés, comme ce fut le cas au Kosovo et dans la première guerre du Golfe. Sur le plan économique, il peut également, s'il y est contraint, mener à bien tout seul la reconstruction de pays comme l'Irak. Après tout,

1. Les autres grandes démocraties libérales de la planète, y compris l'Inde et le Japon, ne pèsent pas encore aussi lourd que l'Europe dans les calculs de l'Amérique. Est-ce parce qu'elles sont devenues membres du « camp occidental » à une date relativement récente ou bien à cause de préjugés culturels et raciaux au sein de la communauté transatlantique ? On ne saurait le dire. Toujours est-il que les opinions de New Delhi n'ont pas autant de poids et ne déchaînent pas autant les passions que celles de la capitale française.

c'est avec ses propres deniers qu'il a, il y a un demi-siècle, rebâti l'Europe et le Japon. Mais le peuple américain voudra-t-il et pourra-t-il indéfiniment financer à la fois des actions militaires et le fardeau des occupations qui en découlent tout en étant accusé continuellement d'illégitimité par ses alliés démocratiques les plus proches ? On peut en douter.

Les Américains ont toujours été très sensibles à ce que pense d'eux le reste du monde, ou au moins le monde libéral. La réputation qui leur est faite d'être un peuple indifférent, replié sur lui-même est très injuste. Les Américains ont été incités à l'ouverture par la génération des Pères fondateurs qui ont proclamé, dans leur Déclaration d'indépendance, la nécessité de « respecter comme il se doit l'opinion des autres hommes ». En l'occurrence, c'est aux Européens qu'ils pensaient. Depuis lors, les Américains ont été contraints de se soucier de l'avis du monde libéral par le caractère unique de leur idéologie nationale. En effet, à la différence des nationalismes européens, le nationalisme américain n'est pas enraciné dans la terre et dans le sang. C'est au contraire une idéologie universaliste qui lie entre eux les citoyens. Durant la majeure partie des trois derniers siècles, les Américains se sont considérés comme l'avant-garde d'une révolution libérale planétaire. Ainsi, dès l'origine, leur politique étrangère ne s'est pas contentée de défendre et promouvoir leurs intérêts nationaux matériels. « Nous ne luttons pas simplement pour nous mais pour l'humanité entière », déclarait Benjamin Franklin lors de la guerre d'Indépendance américaine. Cela n'a peut-être pas toujours été vrai. En tout cas, la plupart des Américains ont toujours voulu le croire. Il ne saurait donc y avoir de ligne de partage stricte entre l'intérieur et l'étranger, ni de distinction nette entre ce que le monde démocratique pense de l'Amérique et ce que les Américains pensent d'eux-mêmes. Dans l'histoire du pays, depuis l'époque où Jefferson a croisé le fer avec Hamilton, chaque débat de fond sur la politique étrangère a débouché sur une interrogation concernant l'identité nationale et conduit les Américains à se poser la question primordiale : « Qui sommes-nous ? » Les Américains étant soucieux de leur image, le déni constant de leur légitimité internationale par les autres démocraties finira avec le temps par les affaiblir et même peut-être par les paralyser. Ainsi, les Américains ne peuvent pas ignorer les inconvénients de l'unilatéralisme. L'échec singulier de l'administration Bush est peut-être d'avoir été trop lente à le reconnaître. Le président et ses conseillers sont arrivés au pouvoir animés du réalisme étroit qui régnait durant les années Clinton dans les milieux républicains en matière de politique étrangère. En janvier 2000, Condoleezza Rice a écrit dans un essai fameux que la précédente administration n'avait pas réussi à se focaliser sur l'« intérêt national » et avait préféré se tourner vers des « intérêts humanitaires » ou vers les intérêts de la « communauté internationale ». En revanche, l'administration Bush allait réexaminer tous les traités, obligations et alliances et les réévaluer en fonction de l'« intérêt national » de l'Amérique[1].

L'idée que les États-Unis pourraient avoir une conception aussi étroite de leur « intérêt national » est une source constante de malentendu. En effet, les Américains ont eu des « préoccupations humanitaires » bien avant la naissance de cette expression. Mais, outre le fait qu'une telle analyse est fausse, l'énoncé de cette approche « réaliste » par l'unique superpuissance à l'ère de l'unilatéralisme a été une grave erreur de politique étrangère. Le maître du monde ne peut proclamer à la terre entière qu'il ne se laissera guider que par l'idée qu'il se fait de son « intérêt national ». En effet, c'est là ce que redoutent même les plus proches amis de l'Amérique, à savoir qu'elle use d'un pouvoir immense et sans précédent à son seul avantage. Dans son essai, Rice a tourné en dérision « l'idée que les États-Unis n'exercent un pouvoir légitime que lorsqu'ils agissent pour quelqu'un d'autre ou pour une autre cause que la

1. « Promoting the National Interest », *Foreign Affairs* 79, janvier-février 2000, p. 47.

leur ». Mais, pour le reste du monde, quelle autre source de légitimité peut-il y avoir ? Quand les États-Unis agissent dans leur propre intérêt, prétend Rice, comme le feraient d'ailleurs de nombreux Américains, ils servent nécessairement les intérêts de tous. « Il est certain, affirme Condoleezza Rice, qu'il n'y a rien de répréhensible à faire quelque chose qui profite à l'ensemble de l'humanité, mais il s'agit là, d'une certaine manière, d'un effet secondaire [1] ». Enfin, les plus proches amis de l'Amérique eux-mêmes pourront-ils jamais croire qu'un pays préoccupé de son seul intérêt sera aussi à même de servir leurs propres intérêts, par une sorte d'« effet secondaire » ?

Tant pour les besoins de la situation unipolaire que pour tenir compte du caractère américain, il est nécessaire d'envisager les intérêts du pays sous un angle beaucoup plus large. En effet, les États-Unis ne peuvent ni sembler agir uniquement pour eux-mêmes ni de fait agir comme si seul importait leur propre intérêt national. Selon les propos bien connus du penseur juif Hillel, « Si je ne me préoccupe pas de moi, qui le fera ? Si je ne me préoccupe pas des autres, qui suis-je ? », les États-Unis doivent en vérité agir de manière à aider l'humanité tout entière comme ils ont fréquemment essayé de le faire dans le passé, et il

1. « Promoting the National Interest », *op. cit.*, p. 47.

est certain qu'il leur faut chercher à aider cette fraction de l'humanité qui partage leurs principes libéraux. Même dans les moments de grande urgence, et peut-être précisément à ces moments, l'unique superpuissance doit démontrer qu'elle met son grand pouvoir au service de ses principes et de tous ceux qui les partagent.

La manière dont les États-Unis se comportent aujourd'hui en Irak est à cet égard capital. En jeu se trouvent non seulement l'avenir de ce pays et plus généralement du Moyen-Orient mais aussi celui de la réputation de l'Amérique, de sa fiabilité, et de sa légitimité comme leader du monde. Les États-Unis seront jugés, et devront l'être, par le soin et l'engagement qu'ils prendront à instaurer une paix démocratique en Irak. Ils seront jugés à l'aune des progrès qu'ils feront faire à la cause du libéralisme, en Irak et ailleurs, ou, au contraire, à la seule poursuite de leurs propres intérêts.

Personne n'a développé cet argument avec plus de force et de prescience que le réaliste par excellence, Henry Kissinger. Dans le même essai où il évoquait la nécessité de dépasser le système westphalien, Kissinger a également insisté sur le fait que, en prenant la tête de cette nouvelle approche « révolutionnaire », les États-Unis endossaient « une responsabilité particulière ». À cause de leur pouvoir et « précisément à cause du précédent que constitue cette guerre, affirmait-il avant l'invasion, l'issue du conflit déterminera la façon dont les actions de l'Amérique seront considérées à l'échelle internationale ». La tâche en Irak, poursuivait Kissinger, ne consiste pas seulement à gagner la guerre mais aussi à « [faire comprendre] au reste du monde que notre première guerre préventive nous a été imposée par les faits et que nous cherchons à servir la cause du monde, et pas seulement nos propres intérêts ». L'Amérique « a, de par son statut de nation la plus puissante au monde, une responsabilité particulière, celle d'œuvrer pour l'instauration d'un système international qui repose sur plus que la puissance militaire, et s'efforce de traduire la force en coopération. Toute autre démarche n'aura pour effet que de contribuer peu à peu à notre isolement et à notre épuisement ».

En bref, les États-Unis doivent rechercher la légitimité par la voie qui correspond le plus à leur vraie nature, c'est-à-dire en promouvant les principes de la démocratie libérale, non seulement comme moyen de renforcer la sécurité mais aussi comme une fin en soi. La réussite de tels efforts conférera au pays une certaine légitimité, dans le monde démocratique libéral et même en Europe. En effet, les Européens ne pourront pas délaisser à jamais leur propre vision d'un monde plus humain, même s'ils sont de nos jours davantage préoccupés par celle d'un ordre juridique international renforcé.

Mais, tout en promouvant le libéralisme, les États-Unis ne devront pas manquer de prendre en compte les intérêts et les craintes de leurs alliés démocratiques libéraux en Europe. Il faudrait que, dans le cadre d'un nouveau contrat transatlantique, ils acceptent, de leur côté, d'accorder aux Européens un certain droit de regard sur l'usage qu'ils font de leur puissance, à condition naturellement que ce droit s'exerce avec mesure. L'alliance de l'OTAN – alliance conclue par des démocraties libérales pour servir précisément leur cause – pourrait tenir lieu d'enceinte pour la conclusion d'un tel contrat, s'il se révèle utile. En effet, à l'OTAN les États-Unis ont déjà cédé une part de leur influence aux Européens qui ont les mêmes prérogatives de vote que la superpuissance lors de toutes les délibérations de l'alliance. En fait, depuis plusieurs décennies, l'OTAN est la seule organisation capable de concilier l'hégémonie américaine avec l'autonomie et l'influence des Européens. Et même aujourd'hui, cette organisation inspire aux Américains un attachement sentimental, plus fort sans doute que le sentiment suscité en eux par les Nations unies.

Cependant, les États-Unis peuvent-ils céder une parcelle de pouvoir aux Européens sans mettre en danger du même coup non seulement leur sécurité mais aussi celle de l'Europe elle-même et de la communauté démocratique libérale toute entière ? C'est là que le bât blesse. En effet, même avec les meilleures intentions du monde, les États-Unis ne pourront pas s'assurer la coopération des Européens s'il n'y a pas convergence de vue sur la nature des dangers qui menacent aujourd'hui le monde et sur les moyens à déployer pour les combattre. Or c'est précisément la différence d'appréciation dans ce domaine qui a divisé, au lendemain de la guerre froide, les deux parties.

S'il est vrai, comme l'indique Robert Cooper, que la légitimité internationale est la résultante de valeurs partagées et d'une histoire partagée, il est permis de se demander si une telle affinité existe encore au sein du camp occidental à présent que la guerre froide est révolue. En effet, si la communauté transatlantique libérale repose toujours sur un socle commun non négligeable, le schisme philosophique relatif aux aspects fondamentaux de l'ordre mondial risque de l'emporter sur ce fonds commun. Il est malaisé de prévoir une résolution de la crise de légitimité tant que ce schisme persistera. En effet, même si les États-Unis honorent leurs engagements envers les termes du contrat en accordant aux Européens l'influence à laquelle ils aspirent, les Européens, avec leur conception du monde si différente, honoreront-ils les leurs ? Si les uns et les autres parviennent jamais à s'entendre sur la nature du danger commun, la coopération qu'ils ont entretenue durant la guerre froide pourrait aisément reprendre. Mais tant que, de part et d'autre, il n'y aura pas identité de vue sur la menace constituée par le terrorisme et les armes de destruction massive, on ne pourra envisager de stratégie commune pour faire face à cette situation. Et les Européens refuseront de reconnaître la légitimité des États-Unis quand ces derniers tenteront de régler seuls les problèmes en recourant à l'unique moyen qui leur semblera parfois indiqué, à savoir la force.

Que doivent donc faire les États-Unis ? Faut-il, au nom de l'harmonie transatlantique, qu'ils tentent de modifier leur perception des menaces pesant sur le monde pour les accorder à celle de leurs amis européens ? Un tel choix serait irresponsable car ce n'est pas seulement leur propre sécurité mais aussi celle du monde libéral démocratique qui dépendent aujourd'hui, comme elles le font depuis un demi-siècle, de la puissance américaine. Kofi Annan peut toujours se convaincre que la paix et la stabilité relatives dont bénéficie le monde depuis la Seconde Guerre mondiale sont à mettre au crédit du Conseil de sécurité et de la Charte des Nations unies. Les Européens eux-mêmes vous diront, dans les moments de clairvoyance, que cela est faux. « Les États-Unis sont le seul véritable acteur mondial, a déclaré Joschka Fischer, et je dois mettre en garde contre toute mésestimation de leur rôle dans la paix et la stabilité du monde. Gardons-nous également de mésestimer ce que signifie ce pays pour notre propre sécurité [1]. »

Toutefois, les États-Unis ont tenu ce rôle non pas en adoptant la conception postmoderne du monde que nourrissent les Européens mais en regardant ce monde avec leurs propres yeux. Si d'aventure les Américains se rangeaient aujourd'hui aux côtés des Européens, ni les États-Unis ni l'Europe postmoderne ne seraient longtemps en sécurité. Aujourd'hui, la plupart des Européens considèrent que les États-Unis exagèrent les dangers que court le monde. Après le 11 septembre, la plupart des Américains craignent de ne pas avoir pris ces dangers suffisamment au sérieux.

C'est là que réside le tragique de l'histoire. Pour s'attaquer aux menaces qui pèsent sur la planète, les Américains ont besoin d'une légitimité que l'Europe seule peut apporter. Mais il n'est pas du tout sûr que les Européens répondent à cette attente. Occupés à brider le géant américain, ils risquent fort de ne plus percevoir la montée des périls dans le monde, périls beaucoup plus redoutables que ceux incarnés par les États-Unis. Avec la nervosité qu'engendre chez eux l'unipolarité, ils risquent d'oublier les dangers d'une multipolarité au sein de laquelle des États non

1. Interview dans *Stern*, 2 octobre 2002.

libéraux et non démocratiques parviendront à évincer l'Europe dans la compétition mondiale. Emportés par leur passion pour un ordre juridique international, ils risquent de perdre de vue les autres principes libéraux qui ont fait de l'Europe postmoderne ce qu'elle est aujourd'hui. Ainsi, les Européens réussiront peut-être à affaiblir les États-Unis mais, comme ils n'ont guère le dessein de développer leurs propres moyens à leurs côtés, le résultat net sera une diminution de la puissance totale dont pourra disposer la communauté démocratique libérale pour assurer sa défense – et, du même coup, celle du libéralisme.

Aujourd'hui, de nombreux Européens font le pari que les dangers présentés par l'« axe du mal », le terrorisme et les tyrans ne seront jamais aussi grands que celui posé par un Léviathan sans entraves. Peut-être est-ce dans la nature d'une Europe postmoderne de porter un tel jugement. Mais peut-être aussi l'heure est-elle venue pour les cerveaux les plus éclairés du Vieux Continent, y compris ceux qui vivent sur la terre natale de Pascal, de commencer à se demander ce qu'il adviendra si ce pari n'est pas le bon.

Table

COLLECTION « PLURIEL »

ACTUEL

ADLER Alexandre
J'ai vu finir le monde ancien
Au fil des jours cruels
L'Odyssée américaine

ATTIAS Jean-Claude,
BENBASSA Esther
Les Juifs ont-ils un avenir ?

BACHMANN Christian,
LE GUENNEC Nicole
Violences urbaines

BARBER Benjamin R.
Djihad versus McWorld
L'Empire de la peur

BEN-AMI Shlomo
Quel avenir pour Israël ?

BURGORGUE-LARSEN Laurence,
LEVADE Anne,
PICOD Fabrice
La Constitution européenne expliquée au citoyen

BRZEZINSKI Zbigniew
Le Grand Échiquier

BURGEL Guy
La Ville aujourd'hui

COHEN Daniel
La Mondialisation et ses ennemis

COLLECTIF
Le Piège de la parité

DAVIDENKOFF Emmanuel
Peut-on encore changer l'école ?

FAUROUX Roger,
SPITZ Bernard
Notre État

GLUCKSMANN André
De Gaulle, où es-tu ?
Ouest contre Ouest
Le Discours de la haine

GRESH Alain
Israël-Palestine

GRESH Alain,
VIDAL Dominique
Les Cent Clés du Proche-Orient

JADHAV Narendra
Intouchable

KAGAN Robert
La Puissance et la Faiblesse

LAÏDI Zaki
Un monde privé de sens

LE BONNEC Yves,
SAULOY Mylène
À qui profite la cocaïne ?

LENOIR Frédéric
Les Métamorphoses de Dieu

MINCES Juliette
Le Coran et les femmes

PROLONGEAU Hubert
Sans domicile fixe

RAMBACH Anne,
RAMBACH Marine
Les Intellos précaires

RENAUT Alain
La Libération des enfants

ROY Olivier
Généalogie de l'islamisme

ROY Olivier,
ABOU ZAHAD Mariam
Réseaux islamiques

RUFIN Jean-Christophe
La Dictature libérale

SALAS Denis
Le Tiers Pouvoir

SMITH Stephen
Négrologie
Oufkir, un destin marocain

STRAUSS-KAHN Dominique
La Flamme et la Cendre

TISSERON Serge
L'Intimité surexposée

TRAORÉ Aminata
Le Viol de l'imaginaire

URFALINO Philippe
L'Invention de la politique culturelle

VIROLE Benoît
L'Enchantement Harry Potter

WARSCHAWSKI Michel
Sur la frontière

PSYCHANALYSE / PSYCHOLOGIE

BARROIS Claude
Psychanalyse du guerrier

BETTELHEIM Bruno
Dans les chaussures d'un autre
Le Poids d'une vie

BONNAFÉ Marie
Les livres, c'est bon pour les bébés

BRUNSCHWIG Hélène
N'ayons pas peur de la psychothérapie

CRAMER Bertrand
Profession bébé

CZECHOWSKI Nicole,
DANZIGER Claudie
Deuils

DANON-BOILEAU Henri
De la vieillesse à la mort

DE MIJOLLA Alain
(sous la direction de)
Dictionnaire international de psychanalyse (2 vol.)

DUMAS Didier
La Sexualité masculine

FLEM Lydia
Freud et ses patients

HEFEZ Serge,
LAUFER Danièle
La Danse du couple

GAY Peter
Freud, une vie (2 vol.)

GREEN André
La Déliaison
Un psychanalyste engagé

GRIMBERT Philippe
Pas de fumée sans Freud
Psychanalyse de la chanson

HADDAD Antonietta,
HADDAD Gérard
Freud en Italie

HADDAD Gérard
Manger le Livre

HOFFMANN Christian
Une introduction à Freud

HUMBERT Élie G.
Jung

KORFF SAUSS Simone
Dialogue avec mon psychanalyste

LACHAUD Denise
L'Enfer du devoir
Jalousies

LAPLANCHE Jean,
PONTALIS Jean-Bernard
Fantasme originaire. Fantasme des origines. Origines du fantasme

LESSANA Marie-Magdeleine
Entre mère et fille : un ravage

MORO Marie-Rose
Enfants d'ici venus d'ailleurs

MURAT Laure
La Maison du docteur Blanche

PERRIER François
L'Amour

PHILLIPS Adam
Le Pouvoir psy

PIGNARRE Philippe
Comment la dépression est devenue une épidémie

RIBAS Denys
L'Énigme des enfants autistes

SAVIER Lucette
Des sœurs, des frères

SIETY Anne
Mathématiques, ma chère terreur

SUTTON Nina
Bruno Bettelheim

TISSERON Serge
Comment Hitchcok m'a guéri

TOMKIEWICZ Stanislas
L'Adolescence volée

VIGOUROUX François
L'Âme des maisons
L'Empire des mères
Le Secret de famille

SOCIOLOGIE, ANTHROPOLOGIE

ARNALDEZ Roger
L'Homme selon le Coran

AUGÉ Marc
Un ethnologue dans le métro

BADIE Bertrand,
BIRNBAUM Pierre
Sociologie de l'État

BAUMAN Zygmunt
Le Coût humain de la mondialisation

BEAUD Stéphane,
PIALOUX Michel
Violences urbaines, violence sociale

BIRNBAUM Pierre
La Fin du politique
Le Peuple et les gros

BOUDON Raymond
La Logique du social
L'Inégalité des chances

BOUSTANY Antoine
Drogues de paix, drogues de guerre

BROMBERGER Christian
Passions ordinaires

CALVET Louis-Jean
Histoire de l'écriture
La Guerre des langues et les politiques linguistiques

CASTEL Robert,
HAROCHE Claudine
Propriété privée, propriété sociale, propriété de soi

DAVID Paulo
Enfants sans enfance

DE SINGLY François
Les Uns avec les autres

DIGARD Jean-Pierre
Les Français et leurs animaux

DUPUY Jean-Pierre
Libéralisme et justice sociale

EHRENBERG Alain
Le Culte de la performance
L'Individu incertain

ELLUL Jacques
Le Bluff technologique

FONDATION DES ÉTUDES DE DÉFENSE
Les Manipulations de l'image et du son

GUÉNIF-SOUILAMAS Nacira
Des beurettes

JEANNENEY Jean-Noël
L'Écho du siècle. Encyclopédie historique de la radio et de la télévision en France

KAUFMANN Jean-Claude
L'Invention de soi

LE BRAS Hervé
Marianne et les lapins

LERIDON Henri
Les Enfants du désir

MENSION-RIGAU Éric
Aristocrates et grands bourgeois

POIRIER Lucien
Le Chantier stratégique

PONT-HUMBERT Catherine
Dictionnaire des symboles, des rites et des croyances

RAUCH André
Crise de l'identité masculine, 1789-1914
Vacances en France de 1830 à nos jours

ROSANVALLON Pierre
La Question syndicale

SENNETT Richard
Respect

SULLEROT Évelyne
La Crise de la famille

VICTOR Paul-Émile,
VICTOR Jean-Christophe
Planète antarctique

TIERNEY Patrick
Au nom de la civilisation

WIEVIORKA Michel
La Violence

PHILOSOPHIE

ARON Raymond
Essai sur les libertés
L'Opium des intellectuels

AXELOS Kostas
Métamorphoses

BLAIS Marie-Claude,
GAUCHET Marcel,
OTTAVI Dominique
Pour une philosophie de l'éducation

BOUVERESSE Jacques
Le Philosophe et le réel

BURKE Edmund
Réflexions sur la Révolution en France

CHÂTELET François
Histoire de la philosophie
t. 1 : *La Philosophie païenne (du VIe siècle av. J.-C. au IIIe siècle après J.-C.)*
t. 2 : *La Philosophie médiévale (du Ier au XVe siècle)*
t. 3 : *La Philosophie du monde nouveau (XVIe et XVIIe siècle)*
t. 4 : *Les Lumières (XVIIIe siècle)*
t. 5 : *La Philosophie et l'histoire (de 1780 à 1880)*
t. 6 : *La Philosophie du monde scientifique et industriel (de 1860 à 1940)*
t. 7 : *La Philosophie des sciences sociales (de 1860 à nos jours)*
t. 8 : *Le XXe siècle*

CONSTANT Benjamin
Principes de politique

COURTINE-DENAMY Sylvie
Hannah Arendt

DETIENNE Marcel
Dionysos à ciel ouvert

FINKIELKRAUT Alain,
SLOTERDIJK Peter
Les Battements du monde

GIRARD René
La Violence et le sacré
Mensonge romantique et vérité romanesque

GLUCKSMANN André
Le Bien et le Mal

HABERMAS Jürgen
Après Marx

HABIB Claude
Le Consentement amoureux

JANICAUD Dominique
Heidegger en France (2 vol.)

JANKÉLÉVITCH Sophie,
OGILVIE Bertrand
L'Amitié

JARDIN André
Alexis de Tocqueville

JOUVENEL (de) Bertrand
Du pouvoir

LA ROCHEFOUCAULD
Maximes, réflexions, lettres

LÖWITH Karl
Nietzsche

MANENT Pierre
Histoire intellectuelle du libéralisme

MONGIN Olivier
Face au scepticisme

NEGRI Anthony
Job, la force de l'esclave

NIETZSCHE Friedrich
Aurore
Humain, trop humain
Le Gai Savoir
Par-delà le bien et le mal

ORY Pascal
Nouvelle Histoire des idées politiques

QUINET Edgar
L'Enseignement du peuple, suivi de La Révolution religieuse au XIXe siècle

RIALS Stéphane
La Déclaration des droits de l'homme et du citoyen

RICHIR Marc
La Naissance des dieux

RICŒUR Paul
La Critique et la conviction

ROUSSEAU Jean-Jacques
Du contrat social

RUYER Raymond
La Gnose de Princeton

SCHOLEM Gershom
Walter Benjamin, Histoire d'une amitié

SERRES Michel
Les Cinq Sens
Le Parasite
Rome

SIRINELLI Jean-François
Sartre et Aron, deux intellectuels dans le siècle

SLOTERDIJK Peter
Bulles, Sphère I
L'Heure du crime et le temps de l'œuvre d'art, suivi de Essai d'intoxication volontaire
Ni le soleil ni la mort

SUN TZU
L'Art de la guerre

TODOROV Tzvetan
Les Morales de l'histoire

HISTOIRE

ADLER Laure
Les Maisons closes
Secrets d'alcôve

AGULHON Maurice
De Gaulle. Histoire, symbole, mythe
La République (de 1880 à nos jours)
t. 1 : *L'Élan fondateur et la grande blessure (1880-1932)*
t. 2 : *Nouveaux drames et nouveaux espoirs (de 1932 à nos jours)*

ALEXANDRE-BIDON Danièle,
LETT Didier
Les Enfants au Moyen Âge

ANATI Emmanuel
La Religion des origines

ANDREU Guillemette
Les Égyptiens au temps des pharaons

BALLET Pascale
La Vie quotidienne à Alexandrie

BARTOV Omer
L'Armée d'Hitler

BEAUFRE Général
Introduction à la stratégie

BÉAUR Gérard
La Terre et les hommes. Angleterre et France aux XVIIe et XVIIIe siècles

BECHTEL Guy
La Chair, le diable et le confesseur

BECKER Annette
Oubliés de la Grande Guerre

BENNASSAR Bartolomé,
VINCENT Bernard
Le Temps de l'Espagne, XVIe-XVIIe siècles

BENNASSAR Bartolomé
L'Inquisition espagnole, XVe-XIXe siècles

BERCÉ Yves-Marie
Fête et révolte. Des mentalités populaires du XVIe au XVIIIe siècles

BERNAND André
Alexandrie la grande
Sorciers grecs

BLUCHE François
Le Despotisme éclairé
Louis XIV

BOLOGNE Jean Claude
Histoire de la pudeur
Histoire du mariage en Occident

BOTTÉRO Jean
Babylone et la Bible

BOTTÉRO Jean,
HERRENSCHMIDT Clarisse,
VERNANT Jean-Pierre
L'Orient ancien et nous

BOUKOVSKY Vladimir
Jugement à Moscou

BRANTHOMME Henry,
CHÉLINI Jean
Histoire des pèlerinages non-chrétiens
Les Chemins de Dieu

BREDIN Jean-Denis
Un tribunal au garde-à-vous

BROSSAT Alain
Les Tondues, un carnaval moche

CAHEN Claude
L'Islam, des origines au début de l'empire ottoman

CAMPORESI Piero
Les Baumes de l'amour

CARCOPINO Jérôme
Rome à l'apogée de l'Empire

CARRÈRE D'ENCAUSSE Hélène
Catherine II
Lénine
Nicolas II

CHAUNU Pierre
Le Temps des réformes
3 Millions d'années, 80 milliards de destins

CHAUSSINAND-NOGARET Guy,
CONSTANT Jean-Marie,
DURANDIN Catherine,
JOUANNA Arlette
Histoire des élites en France, du XVIe au XXe siècle

CHÉLINI Jean
Histoire religieuse de l'Occident médiéval

CHENTALINSKY Vitali
Dans les archives littéraires du KGB
La Parole ressuscitée

CHOURAQUI André
Jérusalem

CIZEK Eugen
Mentalités et institutions politiques romaines

CLOULAS Ivan
Les Châteaux de la Loire au temps de la Renaissance

CORNEVIN Robert,
CORNEVIN Marianne
La France et les Français d'outre-mer

DARMON Pierre
Le Médecin parisien en 1900

DAUMAS Maurice
La Tendresse amoureuse

DELUMEAU Jean
La Peur en Occident
Rome au XVIe siècle
Une histoire du paradis
t. 1 : *Le Jardin des délices*
t. 2 : *Mille ans de bonheur*
t. 3 : *Que reste-t-il du paradis ?*
Un Christianisme pour demain

DUBY Georges
Le Chevalier, la femme et le prêtre
Le Moyen Âge (987-1460)

DUCELLIER Alain
Le Drame de Byzance. Idéal et échec d'une société chrétienne

DUCREY Pierre
Guerre et guerriers dans la Grèce antique

DUPÂQUIER Jacques,
KESSLER Denis
La Société française au XIXe siècle

DUROSELLE Jean-Baptiste
L'Europe, histoire de ses peuples

EISEN Georges
Les Enfants pendant l'Holocauste

EISENSTEIN Elizabeth L.
La Révolution de l'imprimé

EPSTEIN Simon
Histoire du peuple juif au XXe siècle

ESPRIT
Écrire contre la guerre d'Algérie (1947-1962)

ÉTIENNE Bruno
Abdelkader

ÉTIENNE Bruno,
LIOGIER Raphaël
Être bouddhiste en France aujourd'hui

FAURE Paul
Parfums et aromates dans l'Antiquité

FAVIER Jean
De l'or et des épices

FERRO Marc
Le Livre noir du colonialisme

Nazisme et communisme
Pétain

FIERRO-DOMENECH Alfred
Le Pré carré. Géographie historique de la France

FINLEY Moses I.
On a perdu la guerre de Troie

FOURASTIÉ Jean
Les Trente Glorieuses

FRUGONI Chiara
Saint François d'Assise

FURET François,
NOLTE Ernst
Fascisme et communisme

FURET François
La Gauche et la Révolution au XIXe siècle
La Révolution (1770-1880)
t. 1 : *La Révolution française, de Turgot à Napoléon (1770-1814)*
t. 2 : *Terminer la Révolution, de Louis XVIII à Jules Ferry (1814-1880)*

FURET François,
RICHET Denis
La Révolution française

FURET François,
JULLIARD Jacques,
ROSANVALLON Pierre
La République du centre

GARIN Eugenio
L'Éducation de l'homme moderne (1400-1600)

GERVAIS Danièle
La Ligne de démarcation

GIRARD Louis
Napoléon III

GIRARDET Raoul
Histoire de l'idée coloniale en France

GOUBERT Pierre
Initiation à l'histoire de la France
L'Avènement du Roi-Soleil
Louis XIV et vingt millions de Français

GRANDAZZI Alexandre
La Fondation de Rome

GRAS Michel,
ROUILLARD Pierre,
TEIXIDOR Xavier
L'Univers phénicien

GRIMAL Pierre
Les Erreurs de la liberté

GUICHARD Pierre
Al-Andalus (711-1492). Une histoire de l'Andalousie arabe

GUILAINE Jean
La Mer partagée

GUILLERMAZ Jacques
Une vie pour la Chine. Mémoires, 1937-1993

GUTTON Jean-Pierre
La Sociabilité villageoise dans la France d'Ancien Régime

HALÉVY Daniel
La Fin des notables
t. 1 : *La Fin des notables*
t. 2 : *La République des ducs*
Visite aux paysans du centre

HAZARD Paul
La Pensée européenne au XVIIIe siècle

HEERS Jacques
Esclaves et domestiques au Moyen Âge
Fête des fous et carnavals
La Cour pontificale au temps des Borgia et des Médicis
La Ville au Moyen Âge en Occident

HOBSBAWM Eric J.
L'Ère des Révolutions (1789-1848)
L'Ère du Capital (1848-1875)
L'Ère des Empires (1875-1914)

HORNUNG Erik
L'Esprit du temps des pharaons

JERPHAGNON Lucien
Histoire de la Rome antique

JOHNSON Hugh
Une histoire mondiale du vin

JOMINI (de) Antoine-Henri
Les Guerres de la Révolution (1792-1797)

JOXE Pierre
L'Édit de Nantes

KRIEGEL Maurice
Les Juifs à la fin du Moyen Âge dans l'Europe méditerranéenne

LABY Lucien
Les Carnets de l'aspirant Laby

LACARRIÈRE Jacques
En cheminant avec Hérodote

LACORNE Denis
L'Invention de la République

LE BRIS Michel
D'or, de rêves et de sang

LEBRUN François
Histoire des catholiques en France

LE GOFF Jacques
La Bourse et la vie

LE ROY LADURIE Emmanuel
L'État royal (1460-1610)
L'Ancien Régime (1610-1770)
t. 1 : *L'Absolutisme en vraie grandeur (1610-1715)*
t. 2 : *L'Absolutisme bien tempéré (1715-1770)*

LINDENBERG Daniel
Destins marranes

MALET-ISAAC
Histoire
t. 1 : *Rome et le Moyen Âge (735 av. J.-C.-1492)*
t. 2 : *L'Âge classique (1492-1789)*
t. 3 : *Les Révolutions (1789-1848)*
t. 4 : *La Naissance du monde moderne (1848-1914)*

MANDROU Robert
Possession et sorcellerie au XVIIe siècle

MASSON Philippe
Histoire de l'armée allemande

MAUSS-COPEAUX Claire
Appelés en Algérie. La Parole confisquée

MELCHIOR-BONNET Sabine
Histoire du miroir

MILO Daniel
Trahir le temps

MOREAU Jacques
Les Socialistes français et le mythe révolutionnaire

MOSSE George L.
De la Grande Guerre au totalitarisme

MUCHEMBLED Robert
L'Invention de l'homme moderne

NEVEUX Hugues
*Les Révoltes paysannes en Europe (XIVe-XVIIe siècle)*NOIRIEL Gérard
Réfugiés et sans-papiers

NOLTE Ernst
Les Mouvements fascistes

PELIKAN Jaroslav
Jésus au fil de l'histoire

POMEAU René
L'Europe des Lumières

POURCHER Yves
Les Jours de guerre

POZNANSKI Renée
Les Juifs en France pendant la Seconde Guerre mondiale

RANCIÈRE Jacques
La Nuit des prolétaires

RAUSCHNING Hermann
Hitler m'a dit

REVEL Jacques
Fernand Braudel et l'histoire

RICHÉ Pierre
Les Carolingiens

RIOUX Jean-Pierre
De Gaulle

RIOUX Jean-Pierre,
SIRINELLI Jean-François
La France d'un siècle à l'autre (2 vol.)

RIVET Daniel
Le Maghreb à l'épreuve de la colonisation

ROBERT Jean-Noël
Eros romain

ROTH François
La Guerre de 1870

ROUMAJON Yves
Enfants perdus, enfants punis

ROUSSET David
Les Jours de notre mort
L'Univers concentrationnaire

ROUX Jean-Paul
Les Explorateurs au Moyen Âge

SALLES Catherine
La Mythologie grecque et romaine

SHIRER William
La Chute de la IIIe République

SINGER Claude
Vichy, l'Université et les Juifs

SNODGRASS Anthony
La Grèce archaïque

SOLÉ Jacques
L'Âge d'or de la prostitution, de 1870 à nos jours

SOLER Jean
L'Invention du monothéisme
t. 1 : *Aux origines du Dieu unique*
t. 2 : *La Loi de Moise*

SOUSTELLE Jacques
Les Aztèques à la veille de la conquête espagnole

STORA Benjamin,
HARBI Mohammed
La Guerre d'Algérie

STORA Benjamin
Messali Hadj

TROCMÉ Étienne
L'Enfance du christianisme

TULARD Jean
Napoléon

VALENSI Lucette
Venise et la Sublime Porte

VALLAUD Pierre
Atlas historique du XXe siècle

VERDON Jean
La Nuit au Moyen Âge
Le Plaisir au Moyen Âge

VERNANT Jean-Pierre
La Mort dans les yeux

VIANSSON-PONTÉ Pierre
Histoire de la République gaullienne
t. 1 : *La Fin d'une époque : mai 1958-juillet 1962*
t. 2 : *Le Temps des orphelins : août 1962 — avril 1969*

WEBER Eugen
L'Action française

WEIL Georges
Histoire de l'idée laïque en France au XIXe siècle

WIEVIORKA Annette
Déportation et génocide
L'Ère du témoin

SCIENCES

ALVAREZ Walter
La Fin tragique des dinosaures

BARROW John
Les Origines de l'Univers

CAZENAVE Michel (sous la direction de)
Aux frontières de la science

CHANGEUX Jean-Pierre
L'Homme neuronal

COHEN-TANNOUDJI Gilles
Les Constantes universelles

CYRULNIK Boris
La Naissance du sens
Mémoire de singe et paroles d'homme
Sous le signe du lien

DAFFOS Fernand
La Vie avant la vie

DAVIES Paul
L'Esprit de Dieu

DAWKINS Richard
Qu'est-ce que l'Évolution ?

FERRIES Timothy
Histoire du Cosmos de l'Antiquité au Big Bang

FISCHER Helen
Histoire naturelle de l'amour

GINESTE Thierry
Victor de l'Aveyron

GLASHOW Sheldon
Le Charme de la physique

KANDEL Robert
L'Incertitude des climats

LAMBRICHS Louise L.
La Vérité médicale

LASZLO Pierre
Chemins et savoirs du sel

LEAKEY Richard
L'Origine de l'humanité

NOTTALE Laurent
La Relativité dans tous ses états

PETIT Jean-Pierre
On a perdu la moitié de l'Univers

SCHWARTZ Laurent
Métastases

SEIFE Charles
Zéro, la biographie d'une idée dangereuse

SINGH Simon
Le Dernier Théorème de Fermat

STEWART John
La Nature et les nombres

VIDAL-MADJAR Alfred
Il pleut des planètes

WATSON James D.
La Double Hélice

Imprimé en Espagne par LIBERDÚPLEX (Barcelone)
HACHETTE LITTÉRATURES - 31 rue de Fleurus - 75006 PARIS

Collection nº 25 - Édition 02

Dépôt légal : 68161 - 02/06

ISBN : 201 279304 5